Dick Richards

Weil ich einzigartig bin

Dick Richards

Weil ich einzigartig bin

Dem inneren Genius folgen – der eigenen Stärke Raum geben

Aus dem Amerikanischen von Kate Reiner

Herder
Freiburg · Basel · Wien

Titel der amerikanischen Originalausgabe: Setting your genius free. How to discover your spirit and calling. Copyright © 1998 by Dick Richards, published by arrangement with Berkley Books, a member of Penguin Putnam, Inc.

Gedruckt auf umweltfreundlichem, chlorfrei gebleichtem Papier
Alle Rechte vorbehalten – Printed in Germany
© Verlag Herder Freiburg im Breisgau 1999
Herstellung: Freiburger Graphische Betriebe 1999
Umschlag: Joseph Pölzelbauer, Freiburg
Umschlagmotiv: © Tony Stone Bildagentur
ISBN 3-451-27185-0

*Den Engeln
von Id-Dar tal-Provvidenza, Malta*

INHALT

    Danksagung 11
    Einleitung 13

1. **Unser Genius** 17
    Francine: „Das Herz beteiligen" 18
    Wie Sie dieses Buch benutzen können 21
    Die Grundprinzipien 24
    Der alte Bär 25
    Ein Gedankenexperiment 27
    Die Zwiebel schälen 32
    Detektivarbeit 38

2. **Aufmerksam sein** 41
    Dave: „Ordnung schaffen" 44
    June: „Voraussetzungen schaffen" 45
    Beziehungen herstellen 47
    Steht Ihnen Ihr Genius im Weg? 48
    Wann stimmt der Name? 49
    Wie Ihr Genius nicht heißt 50
    Aha! 50
    Was dabei hilft, aufmerksam zu sein 51
    Voraussetzungen für das Experiment 56

3. **Was ist ein Genius?** 57
    Probleme und Geheimnisse 57
    Urvorgang 58
    Natürliche Kraft 59
    Unser Genius ist notwendig 62

Der Genius bei den Römern und Griechen	63
Die Energie der Seele	66
Erworben oder angeboren?	67
Hilfreiche Erklärungsmodelle für den Genius	69

4. Frustration und Hindernisse 71
    Joyce: „Tiefer graben" 72
    Bemerken Sie Frustrationen rechtzeitig 73
    Forschen Sie in Ruhe 74
    Mankos 74
    Was dabei hilft, unsere Frustrationen aufzuspüren . . . 76

5. Geschichten erzählen 79
    1. Schritt: Erzählen Sie drei Geschichten 81
    2. Schritt: Machen Sie zwei Listen 83
    3. Schritt: Was zieht Sie an? 85
    4. Schritt: Den gemeinsamen Nenner finden 86
    Die Grundidee 87
    Wichtige Fragen 89
    Wie Sie Ihre Geschichten besser untersuchen können . . 89

6. Das Puzzle lösen 93
    Wie man ein Fünfhundert-Teile-Puzzle löst 95
    Der Moment des Entdeckens 96
    Mandy: „Es funktionieren lassen" 102
    Ein paar Tips 104
    Voraussetzungen für dieses Experiment 105

7. Gemeinsam suchen 107
    Marie: „Wege erforschen" 107
    Unaufmerksam sein 109

Anne: „Tief empfinden" 110
Carmen: „Das Positive finden" 112
Frank: „Hinweise sammeln" 114
Sam: „Wärme erzeugen" 116
Martin: „Einsichten finden" 117
Anregungen für die gemeinsame Suche 118
Hinweise für Gruppen 123
Hinweise für die Gruppenarbeit 128

8. **Sich einer Aufgabe hingeben** 129
Der Genius von Monsignore Azzopardi 132
Engagement, Aufgabe und Unterstützung 133
Ebenen des Engagements 134
Wie Sie Ihr Engagement überprüfen können .. 138
Vier Grundprinzipien 139

9. **Unsere Aufgabe finden** 141
Eine uralte Idee 142
Eine Beschreibung der Aufgabe 145
Zehn Stellen, an denen wir Hinweise suchen können . 147
Was Ihnen hilft, Ihre Aufgaben zu entdecken 156

10. **Selbstverantwortung und Unterstützung** ... 161
Was muß sich ändern? 163
Lebensumstände 164
Aspekte unserer Persönlichkeit 165
Selbstverantwortung 167
Vier Lebensausrichtungen 168
Keine Schuldzuweisungen 171
Verantwortung für unseren Genius und unsere
Aufgabe 172

INHALT

Anregungen für Selbstverantwortlichkeit und
Unterstützung 173

Nachwort 175
Bücher, die weiterhelfen 179

Benutzte Literatur 183

DANKSAGUNG

*D*anke.

Danke an Calvin Germain und Marvin Israelow, ihr habt mir die Idee zu diesem Buch gegeben.

Danke John Willig, Kathryn Hall, Karen Thomas, Natalee Rosenstein und Steve Piersanti, daß ihr meine Arbeit als Buchautor weitergebracht habt, wohin sie auch führen mag.

Danke an Lewis Portelli, Sylvia Ear, Anne Marie Morales, Lino Cuschierri, Achille Mizzi und Grazio Falzone, die mich das Leben des Monsignore Mikiel Azzopardi bewundern gelehrt haben und geholfen haben, daß ich die Details richtig beschreibe.

Danke an Michelle Franey, George Davis, Cheryl Highwarden, Karen Schenk, Lora Whaley, Nancy Dawson, Beryl Byles, Almut Klupp, Karen Adie, Paul Spearman, Ellen Foster, Scooter, Rob Henderson, Dee Conit, Dave Schmiege und allen anderen Menschen, die mir von ihrem Genius und ihrer Aufgabe erzählt haben. Ich habe keine vollständige Liste, aber sie wäre sehr, sehr lang.

Danke an Patti Schroeder, eine großartige Schwester und Verbündete im Dschungel des Schreibens.

Danke an Susan Smyth, danke, daß du mir zuhörst, wenn ich mich wertlos fühle, daß du mir hilfst, diesen und andere Aspekte meines Lebens auf die Reihe zu bekommen, daß du liebevoll bist, und für so viel anderes, mehr, als ich hier je aufzählen könnte.

Ich danke euch allen.

EINLEITUNG

*D*ieses Buch stellt das ins Zentrum, was an uns gut und richtig und wahr ist. Es ist geschrieben für jenen besten Teil von uns, unseren einmaligen Geist.

Zwei glückliche Erlebnisse, beide sind etwa zehn Jahren her, waren Auslöser für dieses Buch. Das erste ereignete sich in einem kleinen Dörfchen an der Südküste Englands, wo ich mit meinem Freund und gelegentlichen Kollegen Calvin Germain für ein Großunternehmen einen Workshop leitete. Calvin verwendete in seiner Arbeit als Management-Trainer den Begriff „Urvorgang", den ich heute als „Genius" bezeichne.

Während unseres Aufenthalts an der englischen Küste machte Calvin mich mit den Techniken vertraut, mit denen er Klienten ihren Urvorgang deutlich machte. Und er leitete mich durch den höchst spannenden – und gelegentlich frustrierenden – Vorgang der Benennung meines eigenen Genius.

Alle, die wie wir daran arbeiten, anderen bei ihrer Entwicklung zu helfen, suchen ständig nach neuen Ideen und Techniken. Ein paar davon hatte ich auch in der Tasche, als Calvin sagte: „Hier ist etwas, das ist neu und funktioniert sehr gut." Was ich dann von Calvin über den Urvorgang lernte, schien mir tiefgreifender und wirkmächtiger als alles, was ich vorher kennengelernt hatte.

Das zweite Erlebnis ereignete sich in New Jersey, etwa ein Jahr nach der Begegnung mit Calvin. Ein anderer Freund, mit dem ich gelegentlich zusammenarbeite, Marvin Israelow, arbeitete für eine große Firma. Er heuerte mich an, um für seine Firma ein neues Trainingsprogramm zu entwickeln. Die Firma mußte sich umstrukturieren. In der Vergangenheit hatten die vorgesetzten Manager das berufliche Fortkommen ihrer Untergebenen gelenkt. Das ging nun nicht mehr, weil sich die Zuständigkeiten der leitenden Manager rasend schnell erweiterten. Die Firma wollte die einzelnen Angestellten in die Lage versetzen, ihre eigene berufliche Weiterentwicklung in die Hand zu nehmen. Das geplante Trainingsprogramm sollte das ermöglichen.

Um ein Trainingsprogramm zu entwickeln, braucht es einen Grundentwurf, eine Art Landkarte oder Rahmen, der es Designern, Trainern und Teilnehmenden ermöglicht, zu unterscheiden, was in das Programm aufgenommen werden soll, was nicht, und wie eine Abfolge von Veranstaltungen entwickelt werden kann, die schließlich zu dem gewünschten Ziel führt.

Ich kam zu den Schluß, daß die Ideen und Methoden, die ich durch Calvin kennengelernt hatte, ein ausgezeichneter Ausgangspunkt waren, um Menschen darin zu unterstützen, für ihr Berufsleben und ihre Karriere selbst die Verantwortung zu übernehmen. Ich entwarf ein Trainingsprogramm, das um den Urvorgang herum aufgebaut war, zu dem aber auch Themen wie Engagement oder die eigene Lebensaufgabe gehörten.

Dieses Buch folgt mehr oder weniger dem Aufbau dieses Workshops, und im achten Kapitel findet sich ein Modell so eines Trainingsprogramms.

Dieses Programm wird noch heute, während ich das hier schreibe, verwendet. Effektivitätsstudien haben in der Firma zu dem Entschluß geführt, das Training weiterhin anzubieten, weil immer neue Angestellten davon profitieren können.

Seit diesen beiden Erlebnissen hat sich mein Verständnis des Urvorgangs vertieft, ebenso wie meine Offenheit für meine eigene Spiritualität. Deshalb nenne ich das außergewöhnliche Phänomen, das Calvin mir nahegebracht hat, heute nicht mehr Urvorgang, sondern spreche vom „Genius".

Ich habe das Konzept des Genius auch auf vielen anderen Gebieten nützlich gefunden. Freunde, Mitarbeiter und die Manager, die ich coache, sehen darin ein gutes Werkzeug, besonders in Übergangszeiten in ihrem Berufsleben. Es hilft ihnen, die Richtung festzulegen. Wenn Teams, die ich berate, den Genius der einzelnen Teammitglieder erfahren, eröffnet ihnen das eine ganz neue Wertschätzung des Beitrags, den jeder einzelne zur gemeinsamen Aufgabe leisten kann. Wenn eine Gruppe von Managern Ziele für ihr Unternehmen formuliert, ist das Wissen um den Genius der anderen eine wertvolle Hilfe. Sie erkennen, daß eine Zielbeschreibung, die den Genius der einzelnen Personen mit einbezieht, sie ihr Vorhaben leichter anderen vermitteln und sich selbst ihrem Ziel intensiver widmen können.

So wurde das Konzept des Genius und die Techniken ihn richtig zu benennen, die Grundlage für Trainingsprogramme auf verschiedenen Gebieten – Führungsqualitäten, selbstverantwortliche Karrieregestaltung, Teamarbeit und Kreativität.

Ich glaube, daß das Konzept des Genius sich inzwischen noch tiefgreifender und wirkmächtiger entwickelt hat als das, was Calvin mir so großzügig beigebracht hat. Darüber hinaus habe ich Techniken entwickelt, wie sich der eigene Genius entdecken und seine Macht in uns selbst besser verstehen und tiefer würdigen läßt.

Ein mächtiger Geist beeinflußt Ihre Handlungen und umgibt Sie schützend. Dieser Geist ist Ihr Genius. Dieses Buch ist Ihr Leitfaden dazu, wie Sie den Genius entdecken und fördern können, wie Sie Ihren Lebenssinn und die Bereiche entdecken können, für die Sie sich einsetzen wollen, und wie Sie ein erfülltes Leben leben können.

1 UNSER GENIUS

Die Form aller Dinge bestimmt sich von ihrem Genius her.
William Blake

Jede und jeder von uns kann der Welt ein einmaliges und ganz besonderes Geschenk machen. Dieses individuelle Geschenk bezeichne ich vereinfachend als unseren Genius.

Die Vorstellung, daß jeder von uns einen Genius besitzt, mag fremd oder zumindest erstaunlich scheinen, und doch ist es keine neue, sondern eine uralte Idee, die in unserer Gesellschaft nur etwas in Vergessenheit geraten ist. Wir stellen uns normalerweise unter einem Genius oder Genie eine besondere geistige Fähigkeit vor, das Zahlenergebnis eines Intelligenztests. Die Idee ist jedoch wesentlich vielschichtiger als das und existiert in vielen Kulturen und vielen Zeitaltern. Die Griechen und Römer glaubten zum Beispiel, der Genius sei ein Geist, der zur selben Zeit geboren wird wie der Mensch, an den er gebunden ist. Sie glaubten, jeder Mensch trüge während seines ganzen Lebens diesen Genius als Richtungsweiser und Schutz mit sich: Leitstern und Schutzengel in einem. Im alten Rom feierte man Geburtstage als Geburt eines Genius, nicht einer Person.

Heute liegt es uns näher, über unsere scheinbaren Mängel und Fehler nachzugrübeln, als uns an dem Einmaligen und Wertvollen an uns zu freuen. Die Zeit, in der wir über uns nachdenken, verbringen wir meist mit dem Nachgrübeln darüber, was an uns alles nicht in Ordnung ist. Warum kann ich nicht mehr ich selbst sein? Wer bin ich überhaupt? Was hat meine Familie zu meinen Fehlfunktionen beigetragen? Wonach bin ich besonders süchtig? Wie kann ich mich wieder in den Griff bekommen? Warum kann ich mich nicht auf eine Beziehung einlassen? Warum finde ich keine Arbeit, die mir Freude macht?

Entscheiden Sie sich jetzt dazu, sich öfter über Ihre Werte zu freuen, als sich über Ihre Mängel zu ärgern. Obwohl es sinnvoll sein kann, sich die eigenen Probleme und Fehler bewußt zu machen, ist es sicher genauso sinnvoll, all das ans Licht zu holen, was uns geschenkt worden ist. Unser Genius ist eines dieser Geschenke.

Dieses Buch zeigt Ihnen, wie Sie Ihren Genius entdecken und lernen können, ihn zu fördern. Seien Sie versichert: Sie haben einen Genius. Ihr Genius ist Ihre natürliche Kraft. Sie kann zu Freude und Erfolg führen oder auch zu Frustration und Fehlschlägen, wenn sie ohne Bewußtsein und ohne klare Entscheidung eingesetzt wird. Wie jede Kraft können Sie auch diese dann am besten einsetzen, wenn Sie mit ihr vertraut sind.

Hier finden Sie das Handwerkszeug, mit dem Sie Ihren Genius entdecken und ihn gedeihen lassen können.

Außerdem finden Sie in diesem Buch Geschichten von Menschen, die ihren Genius gefunden haben, und was diese Entdeckung für sie bedeutet hat. Hier ist eine dieser Geschichten.

Francine: „Das Herz beteiligen"

Francine und ich lassen uns auf der sonnenüberfluteten Sandsteinterrasse eines mexikanischen Restaurants mit Blick auf den Ohio-Fluß unsere Fajitas schmecken – ihre sind mit Hühnchen, meine mit Krabben gefüllt. Wir sind schon viele Jahre befreundet und können uns die kleinen Ereignisse unseres Lebens und unsere Gedanken ebenso erzählen, wie wir uns mit der Stille wohlfühlen, die gelegentlich zwischen uns entsteht.

Francine ist Psychologin und arbeitet für eine große Firma. Ihre

Aufgabe ist es, den Managern der Firma dabei zu helfen, sich selbst, die Angestellten und die Arbeitsatmosphäre zu fördern. Zur Unternehmensphilosophie gehört, daß Intellekt und Logik über alles gehen, Ahnungen sind suspekt, und Gefühle zu zeigen, schlägt sich negativ auf die Leistungsbeurteilung nieder.

Francine erzählt mir von einer Präsentation am Tag zuvor. Der, der das Projekt vorstellte, zeigte dem Publikum eine Grafik, mit langen Zahlenreihen. Einige im Raum fingen sofort an, auf ihren Rechnern herumzutippen, um die Rechnungen der Grafik zu kontrollieren. „Ihnen war es wichtiger, die Rechnung zu kontrollieren, als zu erfahren, was die Zahlen bedeuteten", erzählt Francine. „Nichts lieben sie so sehr, wie einen Fehler zu finden, Punkte zu sammeln auf Kosten der Kollegen."

Wir unterhalten uns über ihren Genius, das, was sie der Welt zu geben hat, ihre besondere Fähigkeit, die in diesem Job nicht besonders zum Zuge kommt. Sie beschreibt ihren Genius wie folgt:

Ich muß immer ins Herz der Dinge sehen, der Dinge und der Menschen, mit denen ich zusammenarbeite. Wenn mir das gelingt, habe ich das Gefühl, daß Worte dort nicht hinreichen. Wenn ich über meinen Genius spreche, spüre ich eigentlich auch, daß Worte nicht genug aussagen. Wenn ich mit dem Herzen bei der Sache bin, weiß ich, daß etwas gut und richtig ist und getan werden muß. Das ist kein Verstandes-Wissen, aber es ist auch kein wirkliches Gefühl. Es ist ein Wissen tief in mir drin.

Ich habe all die logischen Dinge lernen müssen, und ich bin inzwischen gut darin. Ich weiß, daß ich intelligent bin; ich habe ein Examen, um es zu beweisen. Und trotzdem kann ich nicht die ganze Zeit in einem solchen rationalen, logischen Umfeld sein. Es gehört mehr zum Leben, als intellektuell fit zu sein.

Francine nennt ihren Genius „Das Herz beteiligen". Auch Sie werden einen Namen für Ihren Genius finden.

Eine Francines Genius mehr entgegenstehende Arbeitsatmosphäre läßt sich kaum vorstellen; sie ist ganz Herz und Bestätigung, und die Menschen um sie herum sind ganz Intellekt und Kritik. Es frustriert sie, für diese Firma zu arbeiten. Sie glaubt, mit den meisten Menschen um sie herum nicht „zum Eigentlichen zu kommen". Oft kann das, was wirklich zählt, nicht mit Zahlen oder dem Verstand bewiesen werden.

Hilfesuchend wendet sie sich an mich: „Wie mißt man die menschliche Seele? Wie mißt man das menschliche Herz? Doch sicher nicht mit einem Taschenrechner."

Ihre Erfahrungen sind oft frustrierend, weil die meisten Menschen um sie herum einfach nicht sehen oder nicht wertschätzen, was Francine zu bieten hat, sie können ihr Geschenk nicht würdigen. Sie ist wie eine Rose, die in der Wüste zu blühen versucht. Sie sagt zu mir: „Das ist keine gute Art, mein Leben zu verbringen."

Die Situation hat ernste Konsequenzen für Francine. Sie sagt: „Ich bin wütend mit mir selbst. Als ich mich auf diese Situation eingelassen habe, war mir nicht klar, was auf mich zukam. Immer wieder dachte ich, ich sollte etwas Besseres finden, aber ich wußte nicht, was. Und dann wurde ich auf mich selbst wütend und auf andere. In mir steckte eine Menge Wut, und sie in dieser Umgebung herauszulassen, war tödlich. Ich habe mir selbst sehr geschadet."

Francine erzählt mir, daß sie gekündigt hat. Bis jetzt wußte sie nicht genau, warum sie das tun mußte, sie wußte nur, daß es das Beste für sie war. Je mehr sie ihren Genius zu verstehen beginnt, desto deutlicher wird für sie, warum sie in dieser Firma nicht bleiben kann.

Sie sagt: „Jetzt suche ich nach etwas, bei dem mein ganzes Herz beteiligt ist, und ich will mit Menschen arbeiten, die die gleiche Einstellung haben." Francines Genius kam wegen der fest etablierten

Unternehmensphilosophie nicht zum Zuge, wegen der Menschen um sie herum, die diese Philosophie tradierten und vielleicht auch, weil sie selbst nicht richtig in der Lage war, anderen zu zeigen, wo ihre Stärken lagen und was sie zu bieten hatte. Sie ist überzeugt, daß die Situation das reinste Gift für sie war.

Wie Sie dieses Buch benutzen können

In diesem Buch finden Sie viele Geschichen wie die von Francine, Geschichten von Menschen, die sich entscheiden, nicht länger in einer Situation zu bleiben, die ihren Genius vergiftet: eine Ehe, ein Arbeitsplatz, ein Freundeskreis. Wenn Sie Ihren Genius entdecken und ihm einen Namen geben, erkennen Sie vielleicht gleichzeitig, daß Sie Ihre Lebensumstände verändern müssen. Diese Erkenntnis wird Sie vermutlich nicht weiter überraschen. Wahrscheinlicher ist, daß Sie, indem Sie Ihrem Genius einen Namen geben, auf einmal etwas wahrnehmen können, das Sie schon lange wußten oder gespürt haben: die Notwendigkeit, etwas zu verändern.

Vielleicht erkennen Sie auch, warum Ihre momentanen Lebensumstände Ihnen so gut tun, falls dem so ist. Oder Sie erkennen, daß kleine Veränderungen, weniger dramatisch als Francines, schon einen großen Unterschied in Ihrem Leben machen.

Wenn Sie einmal die Funktionsweise Ihres Genius so gut verstehen wie Francine, werden Sie auch eher in der Lage sein, schädliche Situationen zu vermeiden. Und, noch besser, Sie werden auch in der Lage sein, aktiv Situationen zu suchen, die befriedigend für Sie sind und Ihnen erlauben, Ihr Bestes zu geben. Sie werden die Umstände schaffen können, die Sie Ihr Leben gut und sinnvoll leben lassen.

Die ersten fünf Kapitel dieses Buches beschreiben die „Werkzeuge", mit denen wir unseren Genius entdecken können. Bei den meisten geht es darum, Dinge aufzuschreiben und Notizen über uns selbst zu machen. Viele finden es hilfreich, ein Tagebuch über ihre Suche nach ihrem Genius zu führen, besonders dann, wenn sie nicht in einer Gruppe, sondern allein arbeiten. Gut geeignet ist ein kleines Notizbuch, das Sie bei sich tragen können, oder, falls Sie sowie so einen Planer oder Kalender benutzen, können Sie vielleicht Seiten für Ihren Genius reservieren. Während Sie Methoden ausprobieren, können Sie dieses Tagebuch mit Information und Hinweisen auf Ihren Genius füllen.

Das sechste Kapitel hilft Ihnen, diese Hinweise dann zu ordnen. Sie werden Ihrem Genius einen Namen geben. Der Name macht es Ihnen leichter, mit Ihrem Genius in Kontakt zu bleiben. Und er erleichtert es Ihnen, die Bedeutung und Vielschichtigkeit Ihres Genius wirklich zu verstehen. Gelingt es Ihnen, für Ihren Genius den richtigen Namen zu finden, dann gibt Ihnen das die Kraft, diesen Genius im Bewußtsein zu behalten und ihn sich wirklich zu eigen zu machen.

Das siebte Kapitel beschreibt eine Gruppe, deren Teilnehmer sich gegenseitig helfen, den eigenen Genius zu finden, und erklärt, wie sich eine solche Gruppe gründen läßt. In einer Gruppe zu arbeiten und sich zu treffen, um sich gegenseitig zu helfen, ist besonders nützlich, um die eigene Stärke zu entdecken. Denn andere Menschen nehmen oft Seiten an uns wahr, die wir gar nicht sehen. Außerdem werden Sie sicher feststellen, daß in solchen Gruppen eine besondere Unterstützung und Zuneigung zueinander entsteht.

Im achten bis zehnten Kapitel erfahren Sie, wie Sie Ihrem Genius folgen, ihn fördern, ihn auf eine bestimmte Aufgabe ausrichten können, und wie Sie genug Unterstützung finden, um Ihren Genius lebendig zu halten.

Viele Hinweise auf die vielen Facetten Ihres Genius und die vielen Methoden, die es für die Suche nach dem Genius gibt, erleichtern Ihnen die Suche nach dem richtigen Namen. In Workshops werden diese Methoden als Poster an die Wand geklebt, damit wir sie immer wieder vor Augen haben. Die Poster anzusehen hilft uns, all die Einzelheiten in uns wach zu halten, die wir brauchen, um unseren Genius zu suchen. Manche der Kapitel in diesem Buch haben am Ende ein solches „Poster", das die wichtigsten Punkte dieses oder der vorhergehenden Kapitel zusammenfaßt. Ich schlage vor, sie sich wenigstens kurz anzusehen, wenn sie Ihnen begegnen, obwohl Sie den Teil des Buches schon gelesen haben, um den es auf dem Poster geht. Ich habe sie an die Kapitelenden gestellt, damit sie nicht stören. Wenn Sie sie aber nur als eher störende denn hilfreiche Wiederholung von Bekanntem empfinden, dann überspringen Sie sie einfach.

Für mich ist unser Genius ein sehr flüchtiger Geist. Nicht an und für sich, sondern weil wir ihn so lange links liegengelassen haben und nicht daran gewöhnt sind, an ihn zu denken, geschweige denn, uns an ihm zu freuen. Vielleicht ist er auch aus Angst vor einer Zurückweisung scheu geworden.

Ich hoffe wirklich, daß Sie durch dieses Buch Ihren Genius entdecken. Und ich hoffe, daß Sie darüber hinaus Ihre ganz besondere Aufgabe finden, daß neue Bindungen sich auftun oder alte sich wieder zeigen. Ich wünsche mir, daß Sie das Buch wie eine Landkarte auf dem Weg durch ein großes Abenteuer benutzen: das Entdecken und Entwickeln all dessen, was gut und richtig an Ihnen ist.

Zwei Vorschläge: Zum einen beschreibt dieses Buch viele Methoden, mit deren Hilfe Sie Ihren Genius entdecken und Ihre Aufgabe finden können. Manche Menschen fühlen sich von so vielen Anregungen erdrückt. Verwenden Sie die Methoden, die Ihnen jetzt einleuchten. Wenn sie dann nicht so gut funktionieren, verwenden Sie andere, auch wenn Sie deren Sinn nicht sehen. Die Suche nach dem richtigen Namen für Ihren Genius ist komplex, und Schritt für Schritt etwas abarbeiten zu wollen, führt hier nicht immer zum Ziel. Verwenden Sie so viele Techniken, wie Sie brauchen, um sich über den

Namen Ihres Genius ganz sicher zu sein. Verwenden Sie dann noch ein paar mehr, um diesen Namen zu bestätigen. Viele müssen nicht alle Techniken verwenden, bis ihnen ein wirklich überzeugender Name begegnet. Aber manch ein Genius ist eben ein scheues Geschöpf.

Der zweite Rat ist der, mit sich selbst vorsichtig umzugehen, während Sie die verschiedenen Methoden anwenden. Haben Sie Geduld. Ihr Genius wartet irgendwo auf Sie. Vielleicht ist er ein wenig schüchtern, weil Sie sich nicht um ihn gekümmert haben. Machen Sie sich deshalb keine Vorwürfe. Dieses Buch will alles feiern, was gut und richtig an Ihnen ist, und nicht Ihre Fehler auflisten.

Die Grundprinzipien

Ihren Genius zu verstehen ist der erste wichtige Schritt, um das Beste aus Ihrem Leben zu machen, und um Fragen wie diese beantworten zu können:

Welcher Beruf ist gut (oder schlecht) für mich?
Warum bin ich mit meiner Arbeit zufrieden (oder unzufrieden)?
Woran liegt es, daß ich tief innen so zufrieden (oder so unzufrieden) mit meinem Leben bin?
Woran liegt es, daß manche Beziehungen so gut (oder nicht so gut) laufen?

Die Antworten auf solche Fragen finden Sie in diesen vier Grundprinzipien eines sinnvollen Lebens:

1. Wir haben einen Genius, der unser ganz besonderes Geschenk an die Welt ist, vor allem an die Menschen um uns herum.
2. Wenn wir unserem Genius folgen, wird unser Leben sinnvoller.

3. Unser Leben wird sinnvoller, wenn wir uns einer bestimmten Aufgabe hingeben.
4. Es gelingt besser, unserem Genius zu folgen, uns einer bestimmten Aufgabe zu verschreiben, wenn wir für eine unterstützende Umgebung sorgen.

Diese Grundsätze sind das Fundament der Arbeit, die Sie beim Weiterlesen tun werden.

Der alte Bär

Das Kinderbuch *Der alte Bär* erzählt die Geschichte, wie ein in einer Kiste auf dem Dachboden vergessener alter Teddybär von vier Stofftierfreunden gerettet wird, von Bramwell Braun (auch ein Teddybär), der Ente, dem Hasen und vom kleinen Bären.

Die Freunde von Alter Bär versuchen auf verschiedenen Wegen auf den Dachboden zu kommen um ihn zu befreien. Jeder der Freunde macht einen Rettungsvorschlag. Sie bildeten einen Turm aus Bauklötzen. Er bricht zusammen. Sie klettern sich auf die Schultern, aber das klappt auch nicht. Sie springen auf der Matratze des Bettes, kommen aber nicht hoch genug. Sie klettern auf eine hohe Zimmerpflanze, aber der Zweig bricht ab. Und schließlich schaffen sie es auf hoch kompliziertem Wege doch noch, mit Hilfe eines Aufziehflugzeugs und eines zum Fallschirm geknoteten Taschentuchs: Alter Bär ist frei.

Die Geschichte handelt vor allem von der Kraft der Freundschaft. Und sie erzählt davon, daß wir unser Leben retten können, indem wir etwas lang Vergessenes aber Wertvolles wieder freisetzen.

Vielleicht hat jeder von uns einen alten Bären, eine vergessene und doch wertvolle Seite unseres Selbst in einer Kiste auf einem metaphorischen Dachboden eingesperrt.

Nachdem die Matratzen-Idee fehlgeschlagen ist, jammert die Ente: „Was sollen wir nur tun? Wir werden Alter Bär nie retten können, und er bleibt dort oben für immer und ewig einsam eingesperrt."

Bramwell Braun erwidert entschlossen: „Wir dürfen nicht aufgeben."

Jeder von uns hat seinen oder ihren bevorzugten Weg, unser Leben zu retten. Vielleicht ist der Weg unserer Wahl so etwas wie Stephen Coveys *Die Sieben Wege zur Effektivität*, Deepak Chopras *Die sieben geistigen Gesetze* eine der großen Religionen oder ein Zwölf-Schritte-Programm. Oder vielleicht suchen wir ja auch eine Art *kleinen Celestine-Führer zur zehnten Erkenntnis*.

Aber den vier Stofftierfreunden war klar, daß sie nur dann Erfolg haben würden, wenn sie sich auf etwas viel Grundlegenderes stützten, als auf irgendeine Methode. Ihr Erfolg würde sich auf ihre Liebe zueinander und zu Alter Bär stützen.

Ob wir erfolgreich unser Leben retten oder verschönern können, indem wir etwas Wertvolles aus der Vergessenheit befreien, hängt ebenfalls von etwas viel Grundsätzlicheren als jeder Methode ab. Wie machtvoll eine Methode auch immer sein mag – und die oben erwähnten sind alle sehr wirkmächtig –, hängt am Ende doch alles davon ab, ob Sie Ihren eigenen Genius kennen. In *Die sieben geistigen Gesetze* schreibt Chopra beispielsweise: „Sie haben eine Fähigkeit, die in ihrer Ausdrucksform ganz und gar einmalig ist, so einmalig, daß niemand auf diesem Planeten die gleiche Fähigkeit, die gleiche Ausdrucksform besitzt." Chopra rät uns allen, diese Fähigkeit zu entdecken. Diese Fähigkeit ist unser Genius.

Während Sie dieses Buch lesen und die darin angebotenen Mittel benutzen, werden Sie Ihren Genius entdecken und herausfinden, ob er aktiv ist, oder ob er wie der alte Bär in einer Kiste auf dem Dachboden schläft und nur darauf wartet, geweckt zu werden. Sie werden herausfinden, wie sich Ihr Genius weise anwenden läßt. Sie werden

Gelegenheit bekommen, sich mit dem Einfluß Ihres Genius auf Ihre Beziehungen zu anderen Menschen, auf Ihre Arbeit, Ihre Gewohnheiten, Ihre Denkmuster und Ihre Glaubenssätze auseinanderzusetzen.

Manchmal sind Menschen skeptisch, wenn der Begriff Genius benutzt wird, weil ihnen der Begriff zu grandios und fremd vorkommt. Dabei ist er weder das eine, noch das andere. Sind Sie skeptisch? Wenn ja, dann vielleicht deshalb, weil Ihr Genius etwas mit dem Hinterfragen und Absichern zu tun hat. Wenn Sie diese Möglichkeit akzeptieren können, haben Sie schon etwas über Ihren Genius gelernt. Halten Sie doch Ihre Zweifel ruhig einmal etwas zurück um weiterzulesen.

Ein Gedankenexperiment

Ihrem Genius einen Namen zu geben, ist ein Gedankenexperiment. Ein Gedankenexperiment ist ein wissenschaftliches Hilfsmittel, um Theorien zu analysieren. Galilei hat solche gedanklichen Experimente verwendet, um seine Theorien zu überprüfen, Einstein hat sie häufig angewandt, um seine Ideen von der Wirklichkeit zu untersuchen.

Aber man muß nicht Galilei oder Einstein sein, um ein Gedankenexperiment zu machen. Man muß sich einfach nur vorstellen, daß bestimmte Dinge sich ereignen oder wahr sind, und dann die Folgen dessen betrachten, was man sich vorgestellt hat. Einstein hat herausgefunden, daß die Lichtgeschwindigkeit konstant ist, indem er sich vorgestellt hat, wie Menschen aus einem fahrenden Zug heraus ein Licht betrachten.

Um Ihren Genius zu benennen, ist es nötig, daß Sie sich die folgenden Dinge als wahr vorstellen:

Sie haben einen Genius. Ich kann Ihnen keinen wissenschaftlichen Beweis für die Existenz Ihres Genius anbieten. Ich kann mich nur auf meine eigenen Erfahrungen und die von vielen anderen Menschen berufen, die Ihren Genius gefunden haben. Sie werden sich entweder beweisen, daß auch Sie einen Genius haben oder daß Sie ihn nicht haben. Und ich glaube, die einzige Möglichkeit das herauszufinden, ist, daß Sie sich auf das vorgeschlagene Gedankenexperiment einlassen. Anders ausgedrückt, lesen Sie weiter, und probieren Sie die Übungen. Wenn Ihnen Zweifel kommen, ob Sie wirklich einen Genius haben, dann schieben Sie sie erst einmal beiseite, und versuchen Sie die Übungen der nächsten Kapitel.

Sie haben nur einen Genius. Vielleicht denken Sie an einem Punkt des Gedankenexperiments, Sie hätten nicht nur einen Genius, sondern mehrere. Eine der Grundvoraussetzungen des Experiments ist aber, daß Sie nur einen haben. Indem ich auf dieser Voraussetzung bestehe, will ich Sie dazu bringen, noch gründlicher über sich nachzudenken. Wer zu dem Schluß kommt, er oder sie habe mehr als einen Genius, hat seinen wirklichen Genius noch nicht gefunden. Robert, zum Beispiel, der seinen Genius „Das Land erforschen" nennt, fand zuerst zwei Namen für seinen Genius. Der eine war „Über das Land gehen", der andere war „Nach der Wahrheit forschen". „Über das Land gehen" beschrieb seine Interessen an neuen Ideen, Gedanken und Erfahrungen. Als er erkannte, daß sein metaphorisches Gehen eine Suche nach Wahrheit und neuen Ideen war, und daß das Wort „gehen" eine zu passive Beschreibung dessen war, was er tat, verband er beide Namen zu „Das Land erforschen".

Ihren Genius besitzen Sie schon Ihr ganzes Leben lang. Ihr Genius ist weder vorübergehend noch vergänglich, sondern er liegt schon immer in Ihnen. Er gehört ganz natürlich zu Ihnen. Wenn Sie Ihrem Genius einen Namen geben, werden Sie entdecken, daß Sie ihn schon als kleines Kind hatten. Er ist immer bei Ihnen. Joyce, deren Genius „Tiefer graben" heißt, sagt: „Mein Genius steht morgens immer vor mir auf." Diana, deren Genius „Fürsorglich sein" heißt, meint: „Ich weiß, daß mein Genius schon immer bei mir gewesen ist. Ich bin überzeugt, daß er unzweifelhaft und unausweichlich die Kraft meiner Seele ist."

Ihr Genius ist ein Geschenk, das Sie sich und anderen machen. Ihr Genius ist Ihr ganz besonderes und einmaliges Geschenk an die Welt. Und da Sie ein Teil der Welt sind, schenken Sie ihn auch sich selbst.

Ihr Genius ist ganz natürlich und unkontrolliert und eine Quelle des Erfolgs. Sie setzen Ihren Genius oft ein, wahrscheinlich ohne es zu bemerken. Er kommt Ihnen so natürlich vor, daß Sie ihn für nicht bemerkenswert und völlig offensichtlich halten. Und doch bringt er Freude und Erfolg, wenn Sie ihn in der richtigen Situation einsetzen.

Ihr Genius ist eine positive Kraft. Wenn Sie zu einer Beschreibung Ihres Genius gelangen, die sich negativ anfühlt, dann ist das nicht Ihr Genius. Ihr Genius ist eine positive Kraft, ein Ausdruck all dessen, was gut und richtig an Ihnen ist. Möglicherweise verwenden Sie ihn manchmal unangemessen oder sogar in schädlicher Weise, aber Ihr Genius selbst ist eine positive Kraft. Fraglos gibt es Böses in der Welt, aber das Böse ist kein Ergebnis eines Genius. Einen bösen Genius, eine mächtige, zerstörerische Kraft entsteht, wenn eine an sich positive Kraft für zerstörerische Ziele eingesetzt wird.

Ihr Name für Ihren Genius kann wörtlich oder metaphorisch sein, aber er sollte nur ein Verb und ein Substantiv enthalten. Das Verb sollte in der Verlaufsform sein, also auf -en enden. Dadurch wird gezeigt, daß der Vorgang nicht abgeschlossen ist. Ihr Genius ist immer aktiv. Verwenden Sie, wenn Sie Ihrer Stärke einen wörtlichen Namen geben, nur ein Verb und ein Substantiv. Die unten aufgeführten Beispiele beschreiben Menschen, die ihrem Genius einen wörtlichen Namen gegeben haben. Ihre Geschichten finden sich in diesem Buch. Widerstehen Sie der Versuchung zu sagen: „Dieser Name paßt auch zu mir." Durchlaufen Sie den ganzen Suchvorgang nach einem Namen für Ihren Genius. Dieser Vorgang ist eher eine Entdeckungsreise, als ein Auswählen aus einer Liste. Ich habe bei den vielen Menschen, die ich auf der Suche nach ihrem Genius begleitet habe, nicht erlebt, daß ich den gleichen Namen zweimal hörte. Ihr Genius ist Ihr ganz eigenes Geschenk, und ich möchte Sie ermutigen, Ihren ganz eigenen Namen dafür zu finden. Wenn einer der Namen hier Sie berührt, dann nehmen Sie das als Hinweis auf Ihren eigenen Genius, nicht als das letzte Wort. Hier sind also Beispiele für wörtliche Namen:

Francines Genius heißt „Das Herz beteiligen".
Joyces Genius heißt „Tiefer graben".
Martins Genius heißt „Einsichten finden".
Mikes Genius heißt „Tiefere Zusammenhänge entdecken".
Dianas Genius heißt „Fürsorglich sein".
Melissas Genius heißt „Hindernisse überwinden".
Daves Genius heißt „Gerade ausrichten".
Carmens Genius heißt „Das Positive erkennen".
Marcels Genius heißt „Alternativen abwägen".
Mandys Genius heißt „Es funktionieren lassen".
Annes Genius heißt „Tief empfinden".

Falls Sie Ihrem Genius einen metaphorischen Namen geben, verwenden Sie auch ein Verb und ein Substantiv, aber der Name kann dann aus mehr als zwei Worten bestehen und ist eine Metapher. Beispiele dafür sind:

Franks Genius heißt „Hinweise sammeln".
Sams Genius heißt „Wärme erzeugen".
Myras Genius heißt „Auf den Grund gehen".
Steves Genius heißt „Türen öffnen".

Dans Genius heißt „Die Route finden".
Joses Genius heißt „Die Bühne aufbauen".
Junes Genius heißt „Voraussetzungen schaffen".
Roberts Genius heißt „Das Land erforschen".
Andreas Genius heißt „Für Sicherheit sorgen".
Maries Genius heißt „Wege erforschen".
Carolines Genius heißt „Edelsteine polieren".
Marks Genius heißt „Die Zukunft schaffen".
Mariannes Genius heißt „Den Weg bereiten".

Ihr Genius ist nicht das, was Sie sich wünschen, sondern ist, was er ist. Versichern Sie sich, daß der Name, den Sie auswählen, wirklich Ihren Genius beschreibt und nicht so lautet, wie Sie es für richtig halten oder wie es auf andere gut wirkt. In Genius-Workshops, die von großen Firmen finanziert werden, bezeichnen die Teilnehmer und Teilnehmerinnen Ihren Genius gerne mit „Im Team arbeiten" oder „Risiken eingehen". Oft kommt es zu solchen Namen, wenn die geldgebende Firma sich auch darum bemüht, bei ihren Angestellten Teamgeist oder Risikobereitschaft zu fördern. Sie sollten hinter diese Anlässe blicken, um Ihren Genius zu entdecken. „Im Team arbeiten" steht vielleicht für so etwas wie „Beziehungen herstellen" oder „Kraft geben".

Falls diese Voraussetzungen einengend klingen, hat das seinen Grund: Sie sollen einengen, um die Vorstellung vom eigenen Genius klarer werden zu lassen. Den eigenen Genius zu entdecken und zu benennen ist ein kreativer Vorgang, der von solchen Begrenzungen profitiert.

Die Zwiebel schälen

Dem eigenen Genius einen Namen zu geben, ist so ähnlich, wie eine Zwiebel zu schälen. Sie ziehen die äußeren Schichten ab. Diese Schichten stehen für Ihre Handlungen, für das, was Sie sagen und tun, und für Ihre Begabungen und Fähigkeiten. Sie haben die Begabungen und Fähigkeiten entwickelt, die Ihnen am meisten Freude bereiten, und das tun sie deshalb, weil durch sie Ihr Genius am deutlichsten zum Ausdruck kommt. Ihre Interessen, Werke und Leistungen sind ebenfalls Ausdruck Ihres ganz eigenen Genius.

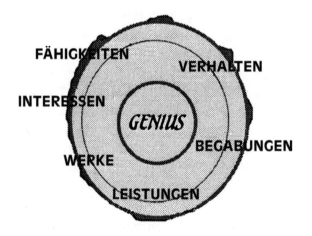

Ich zum Beispiel nenne meinen Genius „Klarheit schaffen". Ich habe mir Fähigkeiten in der Kommunikation, als Autor, als Fotograf und als Lehrender erworben, weil ich durch die Aktivitäten Klarheit schaffen kann. Der Genius selbst liegt unter all diesen Fähigkeiten und Begabungen, näher am Innersten der Zwiebel.

Ich habe den Namen für meinen Genius vor fast zehn Jahren gefunden. Es hat mehrere Monate gedauert, bis ich einen Namen fand, mit dem ich zufrieden war. Aber wenn Sie jetzt mit diesem Buch arbeiten, sollte es für Sie um einiges schneller gehen.

Den Namen für meinen Genius zu finden, hat mir geholfen, meine Arbeit und mein Leben klarer zu sehen. „Klarheit schaffen" hat damit zu tun, die Welt zu verstehen. Es hat damit zu tun, Verständnismöglichkeiten für komplizierte Zusammenhänge zu finden.

In meiner Arbeit als Berater von Organisationen und Einzelpersonen, die an der Entwicklung ihrer Persönlichkeit interessiert sind, entwickle ich zum Beispiel Modelle, mit denen sich Konzepte wie Kundendienststrategien, Karrieremanagement, Firmenziel, Selbstverantwortung, Führungskompetenz, Teamwork und Empowerment erläutern lassen. Ich entwickle diese Modelle, um zu verstehen, worum es meinen Klienten geht. Außerdem hat sich gezeigt, daß meine Modelle auch für andere nützlich sind, die Abläufe oder Programme planen, in denen es um diese Themen geht. Meine Fähigkeit, Modelle zu entwickeln, liegt auf der äußeren Schale der Zwiebel; sie ist an der Oberfläche und nicht mein Genius, der viel tiefer liegt.

Auch das Unterrichten macht mir große Freude, weil ich dabei neue Einblicke – größere Klarheit – in das Thema gewinne, das ich unterrichte. Ich habe Mathematik unterrichtet, Psychologie, Karrieremanagement, Organisationsveränderung, Managementtheorie, Teamentwicklung und Kundendienststrategien. Besonders gern unterrichte ich etwas, von dem ich mehr wissen will. Das Lehren, wie auch die Entwicklung von Modellen, ist eine Fähigkeit, die eher an der Oberfläche der Zwiebel liegt.

Einen Namen für meinen Genius gefunden zu haben, hat mir auch in anderen Arbeitsbereichen geholfen. Schreiben war zum Beispiel immer eine Qual für mich. Wie viele von uns habe auch ich gelernt: „Schreibe über das, von dem du etwas verstehst." Diese Anweisung funktioniert für mich nicht. Es mag paradox klingen, aber ich muß über etwas schreiben, von dem ich noch nicht genug verstehe. Schreiben bedeutet für mich, etwas zu entdecken; es läßt mich „Klarheit schaffen" auf einem Gebiet, das mir noch unklar ist. Sobald mir etwas ganz klar ist, interessiert es mich nicht mehr, darüber zu schreiben – es wird anstrengend und quälend. Dieses Buch schreibe ich mit der Einstellung, neue Aspekte des Genius für mich entdecken zu wollen.

Auch in meinen Hobbys kommt mein Genius zum Tragen. Ich bin Hobbyschreiner. Ich habe eine Holzterrasse an mein Haus gebaut und ein Gästebadezimmer mit Holz verkleidet. Keines der beiden Projekte möchte ich wiederholen. Ich weiß jetzt, wie es geht und habe kein Bedürfnis, die Erfahrungen erneut zu machen, obwohl sie Spaß gemacht haben.

Außerdem fotografiere ich gern und bemühe mich dabei um Bilder, die zum Fragen anregen. Eines meiner Lieblingsfotos zeigt zwei Jogger, einen Mann und eine Frau, die auf den Stufen einer Kirche ausruhen. T-Shirt und Shorts des dunkelhaarigen Mannes sind schwarz, er sitzt nach vorne gebeugt, die Ellenbogen auf die Knie gestützt, das Kinn in den Händen. Der Schatten eines Baumes fällt auf ihn. Sie dagegen sitzt ganz in der Sonne. Ihr Jogginganzug ist weiß, ihre Haare blond. Sie sitzt zurückgelehnt, die Beine von sich gestreckt. Sie hat die Augen niedergeschlagen, sieht den Mann aber durch die Eisenstäbe des Geländers an, das sie trennt. Kurz gesagt stehen die beiden Menschen auf dem Foto für den Kontrast von Licht und Schatten, offen und geschlossen. Das Geländer zwischen ihnen ist eine Barriere.

Wenn andere das Bild sehen, reagieren sie genau so wie ich, als ich es zum ersten Mal sah: „Was passiert denn da?" Bald entschlüsselt sich das Bild, obwohl verschiedene Menschen es unterschiedlich deuten. Manche kommen zu dem Schluß, daß die beiden Streit haben. Andere meinen, daß er sie ignoriert, während sie seine Aufmerksamkeit auf sich lenken möchte. Wieder andere sehen einfach zwei Menschen, die sich ausruhen.

Dieses Foto löst in mir und anderen das aus, was mein Genius ist: etwas Vertrautes, aber nicht Verstandenes zu betrachten und sich darüber klar zu werden. Meine besten Fotos sind so.

Auch mein Schreinern und meine Fotoarbeiten sind nahe der äußersten Zwiebelschale. Beides sind Fähigkeiten, die ich mir auch deshalb angeeignet habe, weil sie meinen Genius zum Ausdruck bringen.

Erkennen Sie die Verbindung zwischen diesen Aktivitäten: theoretischer Modelle zu entwickeln, um Kundendienststrategien zu erklären, verschiedene Sachgebiete zu unterrichten, über Dinge zu schreiben, die ich noch nicht ganz verstehe, eine Holzterrasse zu bauen, hauptsächlich, weil es mir Freude macht und Fotos zu machen, die den Betrachter dazu bringen, Fragen zu stellen? Ich bin der Meinung, daß es bei all diese Unternehmungen um das Gleiche geht: Klarheit zu schaffen.

Auch in meinen Beziehungen zu anderen Menschen kommt mein Genius zum Tragen. Meine Freunde sagen mir, daß sie sich besonders dann an mich wenden, wenn etwas in ihrem Leben sie verwirrt. Nicht, daß ich die Antwort habe, aber mein Genius sind die Abläufe, die sie ihre eigenen Antworten finden lassen: Zuhören, Beraten, Anregungen geben, Informationen zusammenbringen, ein prägnantes Endergebnis finden. All das sind Fähigkeiten, die ich gelernt und geübt habe, um Klarheit für mich selbst zu schaffen. Darüber hinaus helfen sie mir, für andere Klarheit zu schaffen.

Ich hoffe, diese Erfahrungen machen deutlich, wie viele Vorteile es mir bringt, einen Namen für meinen Genius zu haben. Mit Hilfe dieses Namens kann ich mir manche meiner schönsten und produktivsten Momente besser erklären und habe so eine größere Chance, sie zu wiederholen. Der Name hilft mir, meine Frustrationen zu verstehen und macht es mir möglich, solche Frustrationen zu vermeiden, oder doch zumindest zu erkennen, was dabei in mir vorgeht. Und daß mein

Genius einen Namen hat, fokussiert auch mein Bemühen, in der Welt und für das Leben von anderen meinen Beitrag zu leisten. Ein Ergebnis dieser Fokussierung ist dieses Buch.

Einen Namen für meinen Genius zu haben, läßt mich besser verstehen, warum mir manches gelingt und anderes nicht, und warum mir manches Spaß macht, anderes aber nicht. Es hilft mir zu entscheiden, an welchen Projekten ich vermutlich Freude haben werde, und was mir voraussichtlich am besten gelingen wird.

Er hilft auch zu verstehen, warum eine Beziehung befriedigend oder unglücklich verläuft. Frank, dessen Genius „Hinweise finden" heißt, sagt: „Weil ich meinen Genius kenne, kann ich verstehen, warum es manchmal zwischen mir und einem anderen Menschen einfach ‚klickt', während ich mit anderen, obwohl wir die gleiche Sprache sprechen, nicht wirklich zusammenkomme. Wenn früher eine Beziehung nicht funktioniert hat, habe ich mir ewig den Kopf darüber zerbrochen. Machte ich etwas falsch? Lag es an der anderen Person? Heute erkenne ich oft genau, warum es nicht funktioniert. Manchmal weiß ich, was ich dagegen tun kann. Die größte Veränderung ist wohl die, daß ich mich früher in einer solchen Situation verändern wollte oder wollte, daß der andere sich verändert."

Wenn Sie den Namen für Ihren Genius gefunden haben, werden Sie sehen, daß er alle wichtigen Bereiche Ihres Lebens beeinflußt: Beziehungen, Freundschaften, die Arbeit, Hobbys, unser Familienleben und was wir glauben. Und Sie werden ein wertvolles Hilfsmittel haben, um wichtige Entscheidungen in diesen Bereichen zu fällen.

Sam zum Beispiel, der seinen Genius „Wärme erzeugen" nennt, erzählt von seinem Beruf: „Früher hatte ich einen Beruf, in dem ich ein richtiger Versager war. Jahrelang habe ich geglaubt, das läge daran, daß etwas mit mir nicht stimmt. Erst als ich meinem Genius begegnet bin, habe ich erkannt, daß es einfach der falsche Beruf für mich war. Er ließ das nicht zum Tragen kommen, was besonders an mich ist. Schlüssel und Schloß haben schlicht nicht zusammengepaßt."

Meine Hobbys und anderen Aktivitäten, die ich oben beschrieben habe, sind die äußere Schalen der Zwiebel, die ich abschälen mußte, um meinen Genius darunter zu entdecken. Wenn Sie alle äußeren Schichten abgeschält haben und nun den Kern – Ihren Genius – entdecken, wird das ein Aha-Erlebnis sein. Dieses Aha! kann Ihnen sogar, wie die Zwiebel, die Tränen in die Augen treiben. Es ist die Art von Tränen, die Sie weinen, wenn Sie einen alten, lieben Freund begrüßen, den Sie lange Zeit nicht gesehen haben.

Manche Menschen können ihrem Genius einen Namen geben, sobald sie das Konzept kennengelernt haben, aber das ist sehr selten. Machen Sie die Übungen in den nächsten Kapiteln auch dann, wenn Sie überzeugt sind, den richtigen Namen schon gefunden zu haben; vielleicht entdecken Sie, daß Sie die Zwiebel doch noch weiter schälen müssen. Die meisten müssen alle Übungen machen und haben dann immer noch keinen Namen gefunden, mit dem sie zufrieden sind. Andere entscheiden sich für einen Namen, und merken dann Wochen oder Monate später, daß er nicht wirklich stimmt. All das gehört zur Arbeit des Zwiebelschälens, und es gibt keine Abkürzung. Aber das macht nichts, denn unterwegs werden Sie faszinierende Dinge über sich selbst erfahren, und ich bin sicher, daß sich am Ende – nachdem Sie den richtigen Namen für Ihren Genius gefunden haben – die Mühe gelohnt haben wird.

Befreien Sie Ihren Genius. Holen Sie ihn vom Dachboden herunter. Schaffen und beschreiben Sie immer neue Wege, Ihr Leben schöner zu machen, aber vergessen Sie nicht, daß der Erfolg dieser Methode auf etwas tieferliegendem beruht: dem Wissen um Ihren Genius.

Lassen Sie Ihren Genius nicht „für immer und ewig dort oben einsam eingesperrt".

Detektivarbeit

Um Ihren Genius benennen zu können, wird einiges an Detektivarbeit nötig sein. Die Antwort ist irgendwo versteckt, Sie müssen sie nur finden.

Bei dieser Detektivarbeit gibt es drei verschiedene Methoden. Ich nenne sie die Columbo-Methode, die Holmes-Methode und die Millhone-Methode, nach drei in den USA sehr berühmten Spürnasen.

Columbo, der berühmte Detektiv aus dem Fernsehen, verwendete Intuitionen und verließ sich auf sie, wenn er Fälle löste. Peter Falk alias Columbo stand vor einem Verdächtigen oder einem Zeugen, sein zerknitterter Trenchcoat flatterte im Wind, die Zigarre hielt er unangezündet in der Hand und forschte sanft und sachte nach den Informationen, die er brauchte. War er fertig, dann wandte er sich scheinbar zum Gehen, drehte sich dann aber noch einmal seinem Gegenüber zu, und wenn er sich dann mit der Zigarre in der Hand am Kopf kratzte, war ich immer wieder erleichtert, daß sie nicht brannte.

„Da wäre noch etwas. Könnten Sie mir noch eine Frage beantworten? Wahrscheinlich ist es nichts, aber ..."

Sherlock Holmes' Erfolge dagegen beruhen auf Beobachtungen, seiner Logik und darauf, die richtigen Schlüsse zu ziehen. Als wieder einmal ein Fall gelöst ist, sagt er zu seinem Assistenten Watson:

„Eine Untersuchung seines Stuhls zeigte mir, daß er immer wieder darauf gestanden hatte, was natürlich auch erforderlich war, um den Ventilator erreichen zu können. Der Anblick des Safes, der Untertasse mit Milch und der Peitschenschnur genügten schließlich, auch die letzten Zweifel auszuräumen, die bis dahin noch bestanden hatten ... Und es ist Ihnen ja bekannt, wie ich – nachdem ich zu einer

Entscheidung gekommen war – vorging, um zu beweisen, was ich herausgefunden hatte."

Kinsey Millhone, die Heldin von Sue Graftons alphabetischen Krimis, scheint eher furchtlos in die Antworten hineinzustolpern, als sie mit Intuition oder logischen Herleitungen zu finden:

„Der Schlüssel knirschte im Schloß, ich riß den Kopf hoch. Die Angst durchraste mich wie ein Stromstoß, und mein Herz schlug so hart, daß ich es bis in den Hals hinauf spürte. Der einzige Vorteil, den ich auf meiner Seite hatte, war, daß ich wußte, daß sie da waren, während sie von meiner Anwesenheit nichts ahnten."

Diese Detektivin löst ihre Fälle, indem sie sich mitten ins Geschehen stürzt.

Intuition, Logik oder eigenes Erleben sind drei Methoden, die Ihnen helfen werden, einen Namen für Ihren Genius zu finden. Die Anregungen am Ende einiger der Kapitel werden Ihnen bei dieser Detektivarbeit helfen. Manche dieser Tips bestehen aus Daten und Zahlen, die der Logik helfen. Andere wollen Ihre Intuition anregen. Und wieder andere laden dazu ein, etwas selbst zu erfahren, obwohl keine der Hilfen Sie in Situationen auf Leben und Tod locken wird, wie sie Kinsey Millhone begegnen. Den meisten von uns liegt eine Methode mehr, als die anderen. Und eigentlich benutzen ja auch alle drei Detektive alle drei Methoden, um ihre Fälle zu lösen. Versuchen Sie die Methoden, die Ihnen fremd sind genau so wie die, mit denen Sie vertraut sind.

Das nächste Kapitel beschreibt eine Methode: das Bemerken. Wenn Sie manches zu bemerken lernen, wird Ihnen das helfen, einen Namen für Ihren Genius zu finden. Machen Sie sich nichts daraus, wenn Sie nicht genau wissen, was ein Genius eigentlich ist. Im dritten Kapitel wird darauf genauer eingegangen werden.

2 AUFMERKSAM SEIN

Was kann ich tun, wie kann ich von Nutzen sein?
Es ist etwas in mir, doch was kann es sein?
Vincent van Gogh

1926 diskutierten und grübelten die Physiker Werner Heisenberg und Niels Bohr manche lange Nacht in Kopenhagen über der neu entdeckten Theorie der Quantenmechanik. Im Februar 1927 entschied sich Bohr, alles für eine Weile hinter sich zu lassen und in Norwegen Ski zu fahren. Heisenberg war ganz froh, dort zurückzubleiben, wo er – wie er sagt – „ungestört über diese hoffnungslos verzwickten Probleme nachgrübeln konnte".

Später beschreibt Heisenberg diese Zeit der Einsamkeit in einem Buch und beschreibt die Hindernisse, die damals vor ihm lagen als unüberwindlich. Er habe sich gefragt, ob er und Bohr vielleicht die falschen Fragen stellten. Er suchte nach Verbindungen zwischen sich scheinbar gegenseitig ausschließenden Tatsachen.

Er erinnerte sich an etwas, das Einstein ihm einmal gesagt hatte: „Es ist die Theorie, die entscheidet, was wir wahrnehmen können." Heisenberg schreibt:

„Sofort war ich überzeugt, daß der Schlüssel zu der Tür, die so lange verschlossen gewesen war, genau hier gesucht werden mußte. Ich beschloß, einen Nachtspaziergang durch den Faelle Park zu machen und weiter über das Problem nachzudenken."

Während dieses Spaziergangs formulierte Heisenberg das, was heute als das Unschärfeprinzip der Quantenmechanik bekannt ist – ein Durchbruch, der die Welt der Physik von Grund auf veränderte.

Später schrieb er, daß seine Theorie „die so lange gesuchte Brücke darstellt".

Wir werden nie erfahren, wie Heisenberg wohl seinen eigenen Genius beschrieben hätte. Aber sein Verhalten und wie er es beschreibt geben uns deutliche Hinweise. Er ist „Hindernisse überwinden". Er ist „Verbindungen herstellen". Er ist „Den Schlüssel suchen" und „Brücken bauen".

Am einfachsten finden Sie den Namen für Ihren Genius, indem Sie sich selbst genau so beobachten, wie wir Heisenbergs Vorgehen und dessen Beschreibung betrachtet haben.

Beobachten Sie besonders, wie Sie sich verhalten, wenn Sie nicht auf Ihr Verhalten achten. Ja, das klingt paradox: *Seien Sie aufmerksam dafür, wie Sie sich verhalten, wenn Sie nicht auf Ihr Handeln achten.*

Ihr Genius zeigt sich ganz spontan und leicht; er ist für Sie so natürlich, daß Sie wahrscheinlich gar nicht auf ihn achten. Werden Sie also aufmerksam!

Zu beobachten, was Sie tun, wenn Sie sich nicht beobachten, ist ein sehr nützlicher Weg, um Informationen über Ihren Genius zu sammeln, weil Sie dafür Details wahrnehmen müssen, die Sie normalerweise nicht beachten. Wenn Sie aufmerksam für das werden, was Sie normalerweise nicht beachten, werden Sie vieles ganz anders sehen. Wenn ich beispielsweise Firmen berate, fällt mir oft auf, daß Manager dazu neigen, nur eine Art von Informationen aufnehmen: intellektorientierte Informationen, die aus Gedanken, Ideen und Zahlen bestehen. Emotionale Informationen ignorieren sie meist, obwohl sie oft direkt vor ihnen liegen. Ob Menschen mit ihrer Arbeit und der Arbeitsatmosphäre zufrieden sind, beeinflußt ihre Leistungen erheblich. Solch emotionale Informationen aufzunehmen, würde Manager häufig zu ganz anderem Verhalten führen, weil sie Dinge sähen, die sie normalerweise nicht sehen.

Ich weiß nicht, woher die untenstehenden Zeilen ursprünglich stammen. Aber sie erinnern mich immer wieder daran, wie wichtig es ist, aufmerksam für das zu sein, auf das ich normalerweise nicht achte.

Wenn ich weiterhin Informationen so aufnehme, wie ich sie schon immer aufgenommen habe,
dann werde ich weiterhin so denken, wie ich schon immer gedacht habe.
Wenn ich weiterhin so denke, wie ich schon immer gedacht habe,
dann werde ich weiterhin das glauben, was ich schon immer geglaubt habe.
Wenn ich weiterhin das glaube, was ich schon immer geglaubt habe,
dann werde ich mich weiterhin so verhalten, wie ich mich schon immer verhalten habe.
Wenn ich mich weiterhin so verhalte, wie ich mich schon immer verhalten habe,
dann werde ich auch weiterhin bekommen, was ich schon immer bekommen habe.

Diese Zeilen machen deutlich: Informationsquellen zu benutzen, die Sie normalerweise nicht benutzen, kann Ihnen den Zugang zu Veränderungen in Ihrem Leben ermöglichen. Die Geschichten in diesem Buch erzählen von Menschen, die sich Wissen über ihren Genius erworben haben, und zeugen von dem entscheidenden Unterschied, den Wissen machen kann. Erforderlich ist aber, daß wir neue Informationen aufnehmen.

Ihren Genius zu benennen, ermöglicht Ihnen einen anderen als den gewohnten Blick auf sich selbst und verändert die Ansichten, die man über sich selbst hat. Diese neuen Ansichten führen vielleicht zu anderen Verhaltensweisen. Und vielleicht bekommen Sie, was Sie früher nie bekommen haben, weil Sie sich anders verhalten. Um diese logische Verkettung in Gang zu setzen, müssen Sie sich anderen Informationsquellen und Informationen zuwenden, als Sie es normalerweise tun. Vielleicht müssen Sie Dinge an sich wahrnehmen, die Sie bisher immer als selbstverständlich hingenommen haben.

Dave: „Ordnung schaffen"

Dave ist Chemotechniker. Als ich ihn kennenlernte, arbeitete er seit zwei Jahren in der Verwaltung einer Chemiefirma. Von seiner Arbeit gelangweilt und besorgt, daß sein Desinteresse seine Leistungen beeinträchtigen könnte, fand Dave sich bei einem Karrieremanagementkurs ein, um herauszufinden, in welche Richtung er gehen sollte.

Den eigenen Genius benennen war ein Hauptbestandteil dieses Workshops, und während der ersten anderthalb Tage suchte Dave seinen Genius zwar mit viel Enthusiasmus, aber mit wenig Erfolg. Am zweiten Tag kam Dave nach der Mittagspause in den Gruppenarbeitsraum zurück. Vorne stand ein Flip Chart, an dem mehrere große Bögen Papier befestigt waren, die als Rollen transportiert worden waren und sich jetzt noch halb zusammenrollten. Außerdem befand sich ein großer Gummibaum im Zimmer, gegen den jemand gestoßen war, so daß er jetzt schief dastand.

Dave kam ins Zimmer, ging zum Flip Chart und strich mit der Hand das Papier glatt, dann ging zu der Pflanze hinüber, um sie geradezustellen, rückte noch ein paar Stühle zurecht und setzte sich dann. Ich machte ihn darauf aufmerksam, was er gerade getan hatte. Ihm selbst war sein Verhalten kaum aufgefallen. Er hatte es einfach getan.

Diese Dinge sind es, die oft ein Hinweis auf den Genius enthalten; sie geschehen spontan, ungeplant und oft unbeobachtet von uns selbst.

Jetzt fing Dave an, Verbindungen zwischen seinem Verhalten mit dem Papier, der Pflanze, den Stühlen und anderen Bereichen seines Lebens herzustellen. Er erzählte uns von seinem Hobbykeller zu Hause, wo ihm das Verstauen und Ordnen der Werkzeuge und Materialien genau so viel Freude machte, wie die Arbeiten, für die er sie dann brauchte. Und dann erzählte er von seinem ersten Arbeitstag in seinem jetzigen Job, als er bemerkte, wie wenig organisiert die ihm jetzt unterstellte Arbeitsgruppe war. Er beschrieb, wie er alles organisiert und geordnet hatte, und daß jetzt alles seinen ordentlichen Gang ging.

Durch diese Diskussion gelangte Dave zum Namen seines Genius: „Ordnung schaffen." „Ordnung schaffen" war das, was er mit Papier, Pflanze und Stühlen getan hatte. Das machte er auch in seinem Hobbykeller, und das hatte er anfangs in seiner Arbeitsstelle getan. Und Dave erkannte, was ihn jetzt an seiner Arbeit störte: Es gab nichts mehr zu ordnen oder organisieren, also langweilte er sich.

Seinem Genius einen Namen zu geben, war ein sehr wichtiger Schritt in Daves Berufsleben, denn er erkannte, daß ihm die Arbeit am meisten Freude machte, und er am besten war, wenn es an einem Arbeitsplatz irgendwie Ordnung zu schaffen gab. Er nahm sich vor, sich einen Arbeitsplatz zu suchen, bei dem diese Fähigkeit voll zum Tragen käme.

Daves Verhalten war mir aufgefallen. Hier kommt eine Geschichte von einer Frau, die von selbst aufmerksam wurde.

June: „Voraussetzungen schaffen"

Während eines Workshops wie dem, an dem Dave teilgenommen hatte, bemerkte June, daß ihre Mitschrift viel vollständiger und strukturierter war, als die von allen anderen. Außerdem fiel ihr auf, daß sie es war, die eine Liste mit den Namen und Telefonnummern der Teilnehmenden initiierte, damit sie alle nach dem Workshop in Kontakt bleiben konnten. June erkannte sich in beiden Verhaltensweisen wieder. Sie stellte eine Beziehung zu ihren zwei Hobbys her: Nähen und im Garten arbeiten. Nicht, daß June eine fleißige Hobbyschneiderin wäre, aber sie kauft gern Schnittmuster und hat eine ganze Schublade voll davon. Sie weiß, daß sie einige der Muster nie verwenden wird, aber sie hat die Schnitte gern um sich. Sie sind greifbar, falls sie etwas nähte. Als Gärtnerin machen die Planung, das Vorbereiten des Gartens, und das Pflanzen der Stecklinge ihr wesentlich mehr Spaß, als die Pflege und sogar mehr als die Ernte.

June arbeitet für eine große Firma, die solch unruhige Zeiten durchmacht, wie sie für unsere Zeit so typisch sind. Obwohl sie eine Ausbildung als Systemanalytikerin hat, ließ sie sich vorübergehend einer Arbeitsgruppe zuteilen, die der Firma durch die unruhigen Zeiten großer Umstrukturierungen hindurchhelfen sollte. Zu den Aufgaben der Gruppe gehörte die Durchführung von Trainingsprogrammen und die Unterstützung anderer Teams bei der Effektivitätssteigerung. June war von der Arbeit ganz begeistert und überlegte, ihr Arbeitsgebiet dauerhaft dahingehend zu verändern.

Als June auffiel, wie sie mitschrieb und daß sie die Telefonliste organisierte, fing für sie eine lange Gedankenreise zum Namen ihres Genius an. Der Zielpunkt war dann der Name „Voraussetzungen schaffen". Sie schrieb so sorgfältig mit, weil das für sie die Voraussetzungen schuf, alles nachlesen zu können. Sie wollte in Kontakt mit dem Gehörten bleiben können. Die Telefonliste schaffte für June die Voraussetzungen, daß alle, die in dieser Gruppe nach dem Namen ihres Genius suchen, ein Unterstützungsnetz aufbauen. Die Schublade voller Schnittmuster war für sie die Voraussetzung dafür, daß sie sofort mit dem Nähen beginnen konnte, wenn sie dazu Lust hatte. Als Gärtnerin brachte es ihr das meiste Vergnügen, im Garten die Voraussetzungen zum Blühen und Gedeihen zu verschaffen, die Erde vorzubereiten und die Setzlinge zu pflanzen. Und Junes neue Aufgabe in der Firma war so anregend für sie, weil sie das Gefühl hatte, dort die Voraussetzungen für den künftigen Erfolg ihrer Firma zu schaffen. Sie beschenkt sich mit den Voraussetzungen für alle möglichen Dinge und möchte dieses Fähigkeit auch anderen zugute kommen lassen.

Als June den richtigen Namen für ihren Genius gefunden hatte, konnte sie eine wichtige Entscheidung über ihre berufliche Laufbahn fällen. Als ihr klar wurde, wie stark ihre neue Arbeit als Unterstützungsperson für die Organisationsveränderung mit ihrem innersten Gefühl einer Aufgabe in der Welt verbunden war, entschloß sie sich, von jetzt an in diesem Bereich zu arbeiten.

Beziehungen herstellen

Aufmerksam zu sein, ist unerläßlich bei der Suche nach dem Namen unseres Genius. Aber Daves und Junes Erfahrungen zeigen, daß Aufmerksamkeit allein nicht genug ist. Genau so wichtig ist, was wir mit dem machen, was uns aufgefallen ist. Sowohl Dave als auch June konnten eine Beziehung zwischen dem Bemerkten und anderen Bereichen ihres Lebens herstellen. Dave sah eine Beziehung zwischen seinem Verhalten in jenem Klassenzimmer, in seinem Hobbykeller und im Beruf. June erkannte die Beziehung zwischen dem Erstellen einer Telefonliste, ihren Hobbys und ihrem neuen Arbeitsbereich. Unsere Arbeit und unsere Hobbys geben wichtige Hinweise auf unseren Genius; besonders die Hobbys, weil wir sie oft mehr als freier gewählt empfinden als unsere Arbeit.

Fragen Sie sich, nachdem Sie solche Beziehungen hergestellt haben: „Was ist ähnlich an all diesen Handlungen oder Verhaltensweisen?" Und fragen Sie sich: „Was an diesen Fähigkeiten oder Handlungen macht mir die meiste Freude?" Und fragen Sie sich auch: „Welches Geschenk mache ich damit mir selbst oder den Menschen um mich?"

Aufmerksames Beobachten weist Sie auf Verhaltensweisen und Handlungen hin, die an der Oberfläche liegen. Ihr Genius ist eine Strömung, die unter dieser Oberfläche dahinfließt. Oft läßt er sich entdecken, indem wir Beziehungen zwischen unseren jeweiligen Absichten in scheinbar verschiedenen Situationen und Umständen herstellen.

Steht Ihnen Ihr Genius im Weg?

Zu diesem Zeitpunkt glauben Sie möglicherweise, den richtigen Namen für Ihren Genius gefunden zu haben. Wenn ja, dann versuchen Sie einmal, laut zu sagen: „Mein Genius heißt _____." Wie fühlt sich das an? Fühlt es sich richtig an, oder nagt da irgendwo noch ein bißchen der Zweifel? Was auch immer passiert, vertrauen Sie darauf. Obwohl manche Menschen ihren Genius sehr schnell entdecken, wählen die meisten doch zwei oder drei Namen, bis sich einer genau richtig anfühlt. Machen Sie sich nichts daraus. Akzeptieren Sie den Namen, den Sie jetzt für Ihren Genius haben, falls Sie einen haben, und machen Sie die nächste Übung. Ist es der richtige Name, dann wird er sich auch weiterhin richtig anfühlen. Und wenn nicht, bringt Sie die Erfahrung dem richtigen Namen näher.

Eine Warnung: Es kommt vor, daß der Genius selbst es schwer macht, den richtigen Namen zu finden. Marcel zum Beispiel, dessen Genius „Alternativen abwägen" heißt, konnte sich nur sehr schwer auf einen Namen festlegen. Sobald er meinte einen Namen gefunden zu haben, fing er an, Alternativen abzuwägen. Als ihm auffiel, was er da tat, hatte er den richtigen Namen für seinen Genius schnell gefunden.

Myra, deren Genius „Auf den Grund gehen" heißt, hatte ein ähnliches Problem. Jedes Mal, wenn sie sich auf einen Namen festgelegt hatte, suchte sie, ob es nicht noch einen darunterliegenden Namen gab. Aber auch sie merkte schließlich, was sie tat.

Natürlich kann unser Genius uns die Namenssuche auch erleichtern. Mike nennt seinen Genius zum Beispiel „Tiefere Zusammenhänge erkennen". Ihm machte es richtig Spaß, die Verbindungen zu entdecken, die zu dem Namen für seinen Genius führten, und er fand den Namen recht schnell. Noch einmal: Der Trick ist, zu bemerken, was wir tun, während wir den Namen unseres Genius suchen.

Wann stimmt der Name?

„Woran merke ich, daß ich den richtigen Namen gefunden habe?" fragen viele an diesem Punkt.

Die Antwort ist einfach: Wenn Sie den richtigen Namen gefunden haben, dann wissen Sie es. Ich habe schon viele Menschen dabei beobachtet, wie sie ihren Genius gefunden haben. Und wenn sie den richtigen gefunden haben, dann wissen sie es eigentlich auch immer, und das kann ich dann sehen. Ein Ausdruck des Erkennens und der Freude steigt in ihrem Gesicht auf. Es ist, als ob sie in einen Spiegel sähen und sich selbst zum ersten Mal klar sehen könnten, und als gefiele ihnen gut, was sie da sehen. Achten Sie auf dieses Gefühl. Wenn Sie es fühlen, dann wissen Sie, daß der Name stimmt. Ich werde dazu in einem späteren Kapitel noch mehr sagen.

Wie Ihr Genius nicht heißt

Ihr Genius ist weder „Anderen helfen" noch „Gutes tun". Ihr Genius ist per Definition ein Geschenk, das Sie anzubieten haben. Die Frage ist also: „Was ist Ihre besondere Art, anderen zu helfen oder Gutes zu tun?"

Obwohl Namen wie „Anderen helfen" oder „Gutes tun" nicht Ihren Genius beschreiben, kann doch Ihr Wunsch, Ihren Genius so zu nennen, ein wertvoller Hinweis sein. Anne beispielsweise dachte zuerst, ihr Genius hieße „Anderen helfen". Als sie dann versuchte, die Zwiebel noch weiter zu schälen, erkannte sie, daß ihr eigentlicher Genius „Tief empfinden" heißt, und weil sie besonders tief empfindet, nimmt sie stark Anteil an anderen und will ihnen helfen. Als Regel ließe sich vielleicht sagen, daß Worte wie „Andere" und „Menschen" nicht Teil Ihres Genius sind. Denken Sie daran, daß Ihr Genius auch ein Geschenk an Sie selbst ist.

Aha!

Noch etwas begegnet uns in der Geschichte von Heisenbergs berühmtem Spaziergang im Park: das Aha-Erlebnis. Heisenberg und seine Kollegen hatten seit Monaten über ihrem Problem gegrübelt, hatten geforscht, Fachliteratur gewälzt und miteinander diskutiert. Man könnte vielleicht sagen, daß sie versuchten, das Problem zu Boden zu ringen. Und dann ließ Heisenberg los, und die Antwort tauchte auf.

So ein Loslassen, der Entschluß, das Problem einfach liegen zu lassen, ist oft nötig, damit es zu dem kreativen Schub kommt, der dann das Aha-Erlebnis hervorbringt.

Kreativitätsforscher erklären dieses Phänomen als einen Durchbruch des Unbewußten in das Bewußtsein. Während Sie bewußt die von mir beschriebenen Hilfsmittel anwenden, arbeitet Ihr

Unterbewußtsein an der gleichen Aufgabe. Ihre Bemühungen ruhen zu lassen und das aktive, bewußte Sammeln von Informationen über Ihren Genius eine Weile auf Eis zu legen, kann den richtigen Namen für Ihren Genius aus Ihrem Unterbewußtsein hervorbringen.

Mike fand den Namen für seinen Genius beim Joggen. Melissa fand ihren im Traum. Steve saß ganz entspannt am Fluß und angelte Forellen.

Füllen Sie, während Sie die Hilfsmittel anwenden, Ihr Bewußtsein mit Informationen. Lassen Sie dann den Prozeß eine Weile los. Das Aha-Erlebnis ist Ihr Unterbewußtes, das sich einen Weg durch das Geplapper ihres Bewußtseins bahnt. Zwingen können Sie das nicht. Alles, was Sie tun können, ist, sich ein bißchen ablenken zu lassen durch Beschäftigung, die wenig Gedankenleistung erfordern, wie Spazieren zu gehen, zu baden oder einen Mittagsschlaf zu halten.

Was dabei hilft, aufmerksam zu sein

Nehmen Sie sich ein, zwei Tage (oder länger) Zeit, um die im folgenden beschriebenen Hilfsmittel anzuwenden. Das nächste Kapitel beschreibt die vielen Facetten des Genius. Dadurch soll Ihnen nicht unbedingt dabei geholfen werden, den richtigen Namen zu finden, sondern es soll Ihr Verständnis des Begriffs Genius vertieft werden. Im vierten Kapitel kehren wir dann zur Suche nach dem Namen zurück. Sie können die unten angegebenen Methoden also anwenden, während Sie das nächste Kapitel lesen. Denken Sie daran, Sie müssen nicht unbedingt alle beschriebenen Methoden verwenden. Ich schlage vor, Sie lesen sie alle durch und wählen dann die aus, die Ihnen zusagen. Haben Sie nach den ersten sieben Kapiteln den Namen für Ihren Genius nicht gefunden, dann kommen Sie zurück und verwenden die Methoden, die Sie ausgelassen haben.

■ **Aufmerksam sein**

Was ist Ihr erster Gedanken, wenn Sie einen Raum betreten?
Was tun Sie als erstes, wenn Sie einen Raum betreten?
Was tragen Sie zu einer Gruppe bei, in der Sie sich aufhalten?
Was tragen Sie zu Gesprächen mit anderen bei?
Was tun Sie gern, wenn Sie allein sind?

■ **Nach dem „Warum" fragen**

Fragen Sie sich selbst: „Warum tue ich die Dinge, die ich an mir bemerkt habe?" Fragen Sie, ohne zu urteilen, nur aus Neugierde auf sich selbst. Betrachten Sie sich mit sanften, nicht mit kritischen harten Augen, die alles bewerten und beurteilen.

Lassen Sie sich durch die Frage: „Warum tue ich die Dinge, die ich an mir bemerkt habe?" nicht zu einer Analyse ihrer Vergangenheit verleiten oder dazu, Ihre Motive zu verurteilen. Seien Sie einfach neugierig. Denken Sie daran, daß der Sinn all dieser Hilfsmittel das Sammeln von Informationen ist, nicht aber das Analysieren und Beurteilen.

Falls die Frage Sie zu Kritik und Beurteilung zu führen scheint, hilft es vielleicht, zu fragen: „Was versuche ich dadurch zu erreichen oder beizutragen?"

■ **Ihr Geschenk**

Welches Geschenk machen Sie anderen immer wieder? Dave zum Beispiel, der seinen Genius „Ordnung schaffen" nennt, brachte die Pflanze, das Papier und Stühle für die Leute in Ordnung, die bald nach ihm in den Raum kommen würden. June, ganz im Sinne ihres Genius „Voraussetzungen schaffen", stellte eine Adressenliste der Teilnehmer in ihrem Workshop zusammen.

■ **Verbindungen**
Sehen Sie sich Ihre Antworten zu den obigen Fragen und Ihre Notizen darüber an, was Ihnen an Ihnen selbst aufgefallen ist. Gibt es Ähnlichkeiten? Ihr Genius ist eine Strömung, die unter der Oberfläche Ihres Lebens dahinfließt. Diese verborgene Strömung läßt sich oft dadurch entdecken, wie Sie in scheinbar ganz verschiedenen Situationen unter der Oberfläche Ihres Verhaltens eigentlich ähnliche Dinge tun.

Robert, dessen Genius „Das Land erforschen" heißt, liest sehr viel, reist so oft er kann, und spricht gern mit vielen Menschen. Bücher, die Orte, die er besucht, und die Menschen, die er kennenlernt, sind für ihn alle wie fremde Länder, die er erforscht. Wenn er liest, reist oder sich unterhält, sucht er wie ein Forscher nach spannenden Aspekten.

■ **Was macht Ihnen Freude?**
Machen Sie eine Liste von zwanzig Dingen, die Sie gerne tun. Grübeln Sie nicht lange, schreiben Sie schnell etwas auf. Es macht gar nichts, wenn die Liste nicht perfekt ist. Wenn Sie dann fertig sind, sehen Sie sich die Liste an und fragen sich: „Worin ähneln sich diese Aktivitäten?"

■ **Das paßt**
Machen Sie jetzt eine Liste der Aktivitäten oder Verhaltensweisen, die Ihnen entsprechen, die für Sie ganz natürlich sind. Grübeln Sie auch hier nicht lange, schreiben Sie schnell. Fällt Ihnen irgend etwas auf, was die einzelnen Punkt gemeinsam haben?

■ **Fähigkeiten**
Machen Sie eine Liste der Fähigkeiten, die Sie in Ihrem Leben erworben oder angewandt haben. Schreiben Sie zu jeder Fähigkeit Antwor-

ten auf die Frage auf: „Wozu ist die Fähigkeit nützlich?" Zeichnet sich in diesen Listen ein Muster ab?

■ **Vorgänge bemerken**
Während Sie nach dem Namen suchen, ist Ihr Genius aktiv. Beobachten Sie, was passiert, während Sie die einzelnen Methoden anwenden. Besonders nützlich ist ein solches Beobachten, wenn Sie das Gefühl haben, festzustecken oder sehr viele Namen zu produzieren, die sich alle nicht richtig anfühlen. Erinnern Sie sich daran, wie Marcels Genius („Alternativen abwägen") ihm die Namensfindung schwer gemacht hat, indem er ihn immer neue Alternativen abwägen ließ.

■ **Bilder benutzen**
Eine meiner Lieblingsskulpturen ist Rodins „Denker", und auf meinem Schreibtisch steht die kleine afrikanische Figur eines tief in Gedanken versunkenen Mannes. Auch eine kleine Zinnfigur von Merlin, mit Kristallkugel, Eule und Zauberstab tummelt sich zwischen Papieren und Unterlagen. Diese beiden Figuren, beides Geschenke, repräsentieren beide meinen Genius „Klarheit schaffen". Die Freunde, die sie mir geschenkt haben, kennen mich gut und schätzen meinen Genius. Sie haben mich in den beiden Figuren wiedererkannt. Beide sagten: „Das hat mich an dich erinnert", als sie mir die Figürchen geschenkt haben.

Achten Sie darauf, welche Bilder Sie anziehen. Achten Sie besonders auf Abbildungen von Menschen: Photographien, Gemälde, Zeichnungen, Skulpturen. Fühlen Sie sich den dargestellten Menschen verbunden? Was tun sie? Was, denken Sie, bringt es diesen Menschen, zu tun, was sie tun? Was an dem, was die Menschen tun, würden andere zu schätzen wissen? Inwiefern identifizieren Sie sich mit den Dargestellten? Denken Sie sich an die Stelle des Menschen, der Sie an dem Bild angezogen hat. Schreiben Sie kurz auf, was Sie als dieser Mensch tun.

Sehen Sie die Worte Ihres Berichts auf Hinweise auf Ihren Genius durch. Was tragen Sie zu der dargestellten Situation bei?

■ **Bilder machen**
Zeichnen, modellieren oder malen Sie Ihren Genius, mit Wachsmalstiften, mit Fingerfarben. Legen Sie Musik auf, und tanzen Sie so, wie Ihr Genius tanzt. Nehmen Sie ein Musikinstrument, und spielen Sie es so, wie Ihr Genius musiziert. Vielleicht sehen Sie Ihren Genius, während Sie diese Dinge tun. Falls ja, können Sie ihm einen Namen geben.

■ **Projektion**
Falls Sie Tarotkarten oder etwas anderes zur Seelenforschung haben, können Sie sie anders als sonst benutzen, um etwas über Ihren Genius zuerfahren. Anstatt ganz zufällig eine Karte auszuwählen, wählen Sie eine aus, die Ihnen zusagt. Was verrät sie Ihnen über Ihren Genius?

■ **John Lennons Genius**
Den Namen Ihres Genius zu finden und herauszufinden, wer genau dieser Geist ist, muß gar keine harte Arbeit sein. Sie können Spaß daran haben! Spielen Sie mit der Idee des Genius, zum Beispiel indem Sie versuchen, den Genius berühmter Persönlichkeiten zu benennen, wie ich das am Anfang des Kapitels mit Werner Heisenberg getan habe. Wie hieß John Lennons Genius? Über welche berühmte Person haben Sie genug Informationen, um einen Tip für ihren oder seinen Genius abzugeben?

☐ *Was frustriert mich, und warum? (s. S. 73)*

Voraussetzungen für das Experiment

- Sie haben einen Genius.
- Sie haben nur *einen* Genius.
- Ihr Genius begleitet Sie schon Ihr ganzes Leben.
- Ihr Genius ist ein Geschenk, das Sie sich selbst und anderen machen.
- Ihr Genius ist ganz natürlich und spontan und eine Quelle Ihres Erfolgs.
- Ihr Genius ist eine positive Kraft.
- Der Name für Ihren Genius kann wörtlich oder metaphorisch sein, aber er sollte nur ein Verb und ein Substantiv enthalten.
- Ihr Genius ist nicht, was Sie sich wünschen, sondern er ist, was er ist.

3 WAS IST EIN GENIUS?

Niemand ... kann ein Genius sein; aber jeder Mensch hat einen Genius. Dem kann er folgen, oder er kann das Risiko eingehen, sich ihm zu widersetzen.
Ananda Coomaraswamy

In den Jahren, in denen ich mich mit dem Genius beschäftigt habe, hat sich mein Verständnis des Begriffs Genius verändert. Anfangs war dieses Verständnis recht mechanistisch; ich sah ihn als einen Vorgang in mir, teils psychologisch, teils körperlich. Mit zunehmendem spirituellen Bewußtsein wurde auch mein Verständnis des Genius immer spiritueller. In diesem Kapitel beschreibe ich, wie sich mein Verständnis verändert hat. Die verschiedenen Ansichten widersprechen sich nicht, sondern ergänzen sich gegenseitig, und jede Definition zeigt uns neue Aspekte und vertieft unser Verständnis des Begriffs Genius.

Lesen Sie alle Ansichten durch, und wählen Sie dann, welche Art, sich Ihren Genius vorzustellen, Ihnen jetzt am meisten entgegenkommt. Wo Sie anfangen ist unwichtig, es zählt nur, daß Sie anfangen. Während Sie an der Namensfindung arbeiten und Ihren Genius mehr und mehr zu achten lernen, kann sich Ihr Blick auf den Genius genau so ändern wie meiner.

Probleme und Geheimnisse

Wenn Sie nun die folgenden verschiedenen Ansichten lesen, sollten Sie daran denken, daß zwischen einem Problem und einem Geheimnis ein Unterschied besteht.

Einem Problem läßt sich mit dem Verstand beikommen, durch Analysen und Quantifizierungen. Probleme führen zu Lösungen. Geheimnisse dagegen haben keine Lösung. Bei ihnen geht es um Fragen, auf die es keine objektive Antwort gibt – keine Antworten über die hinaus, die wir uns aus unserem Glauben und unseren Überzeugungen heraus geben. Auf Geheimnisse müssen wir uns einlassen, um uns mit ihnen auseinanderzusetzen. Was bedeutet Schönheit? Was bedeutet Gott? Worin liegt der Sinn meines Lebens? Bin ich frei, oder ist mein Leben vorherbestimmt? Was bedeutet es, allein zu sein? All das sind Geheimnisse, für die wir nur die Fragen haben, die wir stellen, und die Antworten, an die wir glauben und die wir geben.

Es gibt viele Erklärungen für Geheimnisse, und jede ist richtig, denn eine ultimativ richtige Erklärung gibt es nicht. So, wie Probleme zu Lösungen führen, führen Geheimnisse zu Überzeugungen. Der Genius ist ein solches Geheimnis. Ist er dieses? Oder jenes? Niemand weiß es, obwohl Menschen unterschiedlicher Kulturen zu verschiedenen Zeiten und an verschiedenen Orten den Genius ganz unterschiedlich verstanden haben.

Mein Wunsch wäre es, daß die von mir im folgenden beschriebenen Sichtweisen auf den Genius Sie anregen, Ihre eigene Überzeugung zu formulieren.

Urvorgang

Zum ersten Mal hörte ich von meinem Freund und Kollegen Calvin Germain etwas über den Genius. Calvin bezeichnete ihn als „Urvorgang" und beschrieb diesen Urvorgang als die einmalige und einzigartige Abfolge von Ereignissen, die in Ihnen ablaufen, wenn Sie Informationen von der Außenwelt aufnehmen und dann auf die Informationen reagieren.

Stellen Sie sich zum besseren Verständnis sich selbst als eine Box vor. In der Box geschieht etwas. Informationen gehen am einen Ende hinein, in der Box geschieht etwas mit diesen Informationen, und am anderen Ende kommt dann etwas heraus. Was in der Box geschieht, ist der Urvorgang. Für mich setzt sich der Urvorgang aus dem Sammeln von Informationen über Dinge in der Welt zusammen, die ich verstehen möchte, und aus dem Verstehensvorgang selbst. Meine persönliche Kurzformel dafür heißt Klarheit schaffen.

Obwohl ich inzwischen lieber von einem Genius spreche, finde ich die Idee des Urvorgangs immer noch hilfreich. Sie deutet darauf hin, daß der Genius in meinem Innersten lokalisiert ist, im Zentrum meines Selbst, und daß er ein Vorgang ist.

Natürliche Kraft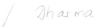

Obwohl der Begriff des Urvorgangs mir in der ersten Phase meiner Auseinandersetzung mit dem Genius gute Dienste geleistet hat, schien ihm doch etwas zu fehlen. Während eines Workshops, der sich vor allem mit dem Genius (damals sprach ich noch vom Urvorgang) beschäftigte, sagte eine in der hinduistischen Kultur aufgewachsene indische Frau, daß dieses Konzept sie sehr an das, erinnere, was sie Dharma nannte. Sie beschrieb Dharma als die zentrale Eigenschaft eines Menschen.

In *Die sieben geistigen Gesetze* beschreibt Deepak Chopra sein siebtes Gesetz als „Das Gesetz des Dharma". Dieses Gesetz besagt, daß jeder und jede von uns ein einmaliges Talent und dafür eine einmalige Ausdrucksform hat. Chopra schreibt:

„Das Gesetz des Dharma sagt, daß jedes menschliche Wesen eine einmalige Fähigkeit hat. Sie haben eine Fähigkeit, die in ihrer Ausdrucksform ganz und gar einmalig ist, so einmalig, daß niemand auf diesem Planeten die gleiche Fähigkeit oder die gleiche Ausdrucksform besitzt. Das bedeutet, daß es etwas gibt, was Sie besser tun können, als jeder andere Mensch auf diesem Planeten."

Diese Fähigkeit und Ihre ganz persönliche Art, sie zu verwenden, ist Ihr Genius.

Bevor ich von Dharma gehört hatte, sah ich im Urvorgang nur etwas Natürliches, nichts Notwendiges. Der Unterschied zwischen „notwendig" und „natürlich" wurde mir sehr wichtig, weil ich in dem Begriff „notwendig" eine Art Unausweichlichkeit spüre, die der Begriff „natürlich" nicht enthält. Der Unterschied wird in zwei Sätzen deutlich: „Es ist doch nur natürlich, daß ich das tue" und „Es ist notwendig, daß ich das tue!"

Obwohl ich seit ungefähr vierzehn Jahren um meinen Genius weiß, habe ich ihn fast vier Jahre lang völlig ignoriert. Diese Zeit fing an, als etwas tief in meinem Unterbewußtsein erkannte, daß meine Ehe nicht mehr gut lief. Da es nicht meine erste Ehe war, habe ich mich sehr bemüht, sie zu kitten – ich wollte nicht noch einmal „versagen" –, aber auf sehr verwirrende und schmerzhafte Art war mir unklar, was da eigentlich passierte. Mangelnde Klarheit über etwas so Wichtiges wie eine Ehe ist für mich eine zerstörerische Erfahrung. Außerdem war ich überzeugt, daß meine Frau zu meiner Verwirrung beitrug und sich das auch nicht ändern würde. Ich weiß noch genau, wie ich bei uns zu Hause auf der Treppe saß und beschloß, nicht länger „Klarheit schaffen" zu wollen über das, was geschah, um nicht den Verstand zu verlieren. Damals war mir nicht völlig klar, was ich da tat. Heute ist mir rückblickend klar, daß ich meinen Genius verdrängte, weil er in meiner Ehe frustriert wurde, und diese Frustration zu schmerzhaft geworden war.

Ungefähr vier Jahre lang lebte ich mit dieser Verdrängung. In meiner Arbeit konnte mein Genius sich entfalten, und deshalb arbeitete ich mehr als je zuvor und mehr, als ich je wieder arbeiten werde.

Kurz vor dem Ende dieser Zeit unterrichtete ich wieder einmal das Konzept des Genius. Und dabei begegnete mir mein eigener Genius erneut. Kurz danach haben sich meine Frau und ich getrennt.

Ich möchte damit nicht sagen, daß die Verdrängung oder Verletzung meines Genius allein meine Ehe hat scheitern lassen. Es gibt viele Brillen, durch die wir die Ereignisse unseres Lebens betrachten können. Es gibt die „psychologische Brille", die uns beispielsweise die Bedeutung unserer Herkunftsfamilie oder unsere Stärken und Schwächen verstehen lassen. Es gibt religiöse, politische und philosophische Brillen, und jede davon zeigt uns ein anderes Bild der Realität. Je mehr Brillen wir haben, desto eher wird es uns gelingen, mit den Herausforderungen des Lebens umzugehen und das Bestmögliche aus uns zu machen. Unseren Genius zu kennen, ist eine weitere Brille in unserer Sammlung, und für mich ist das eine Art, das zu betrachten, was in meiner Ehe geschah.

Ich meine damit, daß die Situation meinen Genius vergiftet und so meine Ehe unerträglich für mich gemacht hat. Anders ausgedrückt konnte ich in meiner Ehe meinem Genius nicht mit Respekt begegnen, und mußte sie deshalb beenden.

In den vier Jahren, in denen ich meinen Genius verdrängte, gewöhnte ich mich an eine Lebensform, die es mir ermöglichte, meine Verdrängung aufrechtzuerhalten. Ich reiste mehr, als mir gut tat, und betäubte mich immer öfter mit Alkohol. Was in meinem Leben zählte, war, wieviel Geld ich verdiente und wie oft ich diesen Monat schon geflogen war. Ich hörte auf zu schreiben. Schreiben ist für mich ein sehr persönlicher Vorgang, und ich konnte in dieser Zeit weder nahe genug an mich selbst herankommen noch so lange mit mir allein sein, wie dazu nötig ist. Nichts davon war mir in dieser Zeit bewußt, ich hatte es erfolgreich verdrängt. Seit ich meinen Genius wiederentdeckt habe, habe ich diese Angewohnheiten ändern müssen, weil ich dem Genius sonst nicht mit Respekt begegnen könnte. Und ob mein Genius respektiert wird, ist zum Test dafür geworden, ob meine Lebenssituation gesund für mich ist oder nicht. Ich suche mir Freunde und Aktivitäten, die meinen Genius fördern, und ich vermeide Menschen und Situationen, die Gift für ihn sind. Und ich schreibe wieder.

Das Bemühen um Respekt für Ihren Genius führt möglicherweise dazu, daß Sie etwas in Ihrem Leben müssen. Oder, optimistischer gesehen, entdecken Sie vielleicht, warum sich gerade alles so richtig für Sie anfühlt, und Sie werden sich bewußter darüber werden, wie sich dieser Zustand bewahren läßt. Ich will Sie nicht damit verschrecken, daß Ihren Genius zu respektieren Schmerzen oder riesige Veränderungen in Ihrem Leben bedeutet. Vielleicht tut es das, vielleicht auch nicht. Wenn doch, haben Sie zumindest etwas, an Hand dessen Sie die erforderlichen Veränderungen überprüfen können. Der Test ist die Frage: Tut diese Veränderung meinem Genius gut?

Unser Genius ist notwendig

Als ich mich eines Nachmittags angeregt mit einem neuen Bekannten unterhielt, erzählte er mir, daß er ein Buch schreiben wollte. „Ich muß das tun", sagte er. „Ich habe das bestimmte Gefühl, daß dieses Buch in mir ist und mich zerstört, wenn ich es nicht herauslasse." Er sagte das mit großer Überzeugung, aber ich hörte auch etwas wie Verzweiflung. Ihr Genius ist wie das Buch meines Bekannten – notwendig für die Welt und für Sie.

Seit meiner Begegnung mit der Inderin fing ich an, von unserem „Genius" zu sprechen, obwohl ich damals noch nicht ganz sicher war, was der Begriff bedeutete. Er fühlte sich einfach richtig an. Ich suchte in Büchern nach dem Begriff „Genius", und je mehr ich darüber erfuhr, desto besser gefiel er mir.

Erkennen Sie in allem, was ich erzähle, meinen Versuch, Klarheit zu schaffen?

Die Erklärung im Wörterbuch, die meiner Verwendung des Wortes am nähesten ist, ist „eine natürliche Begabung oder Fähigkeit". Diese Definition hat mir geholfen, meinen Genius als natürlichen Teil meiner selbst zu verstehen, als etwas, das ich ganz natürlich besitze. Mein Genius ist immer wach, sucht immer nach Gelegenheiten, sich zu zeigen.

Eine andere Wörterbuch-Definition ist „starke Neigung". Ich habe eine starke Neigung zu meinem Genius, so wie Sie zu Ihrem, obwohl Sie sich dieser Neigung vielleicht noch nicht bewußt sind, weil Sie ihm noch keinen Namen gegeben haben. Und doch bleiben diese Definitionen von Genius hinter der Bedeutung zurück, die ich suche, weil sie den eigentlichen Charakter, die Art des Genius unerwähnt lassen. Sie beantworten uns nicht die Frage: „Was für eine Fähigkeit ist das?"

Der Genius bei den Römern und Griechen

Eine Antwort auf diese Frage liegt in den Mythologien der Römer und Griechen. Die Römer glaubten, wie am Anfang des ersten Kapitels erwähnt, daß der Genius ein gleichzeitig mit dem Menschen geborener Geist ist, den er dann durch sein ganzes Leben begleitet. Er spielte eine wichtige Rolle bei allen großen Ereignissen im Leben dieses Menschen: bei der Geburt, der Heirat, beim Tod und so weiter. Er war eine Quelle der Hoffnung und des Optimismus. Seine Hauptaufgabe war der Schutz und die Unterstützung dieses Menschen. Die weibliche Form hieß Juno.

Dieser Genius war sowohl eine innere Kraft, als auch ein Führergeist: ein Wegweiser, der nicht ganz innerhalb und nicht ganz außerhalb des Menschen lebte.

In der griechischen Mythologie wurde der Genius ein Daimon genannt. Man hielt ihn für einen Halbgott, Kind eines göttlichen und eines menschlichen Elternteils.

Platon schreibt, daß jede Seele bei ihrer Erschaffung den drei Moiren, den Schicksalsgöttinnen, begegnet. Die erste ist Lachesis.

Als Hüterin des Lebens und Erfüllerin der Lebenswahl sandte sie jeden den von ihm ausgesuchten Genius. Dieses göttliche Wesen führte die Seele erst zu Clotho, unter ihre die Spindel drehende Hand, um das der Seele zugeschriebene und ausgewählte Schicksal zu bestätigen; und nach dem Kontakt mit ihr führte der Genius die Seele wiederum weiter zur spinnenden Atropos, um das Gewebe des Schicksals unveränderbar zu machen, und dann, ohne Blick zurück, hindurch unter dem Thron der Notwendigkeit.

Der Genius bei Platon begleitet die Seele durch den Vorgang, der ihr eine sterbliche Wirklichkeit verleiht. Dieser Genius ist von der Seele als schützender Führer für das Leben ausgewählt worden, das nun beginnt.

War der Daimon einmal an einen Menschen gebunden, dann kontrollierte er dessen Schicksal. Er begleitete den Menschen auch in den Tod. Platon schreibt:

„Es heißt, wenn ein Mensch stirbt, dann führt ihn der schützende und leitende Genius, der ihm sein ganzes Leben beigegeben war, an einen Ort, wo sich die Toten versammeln. Dort wird ein jeder gerichtet, bevor er aufbricht in die andere Welt."

Platon spricht auch von einem Genius, der ein Führer oder Lehrer ist. Sokrates empfand seinen Daimon als eine göttliche Gegenwart, die er in sich trug, und die ihn warnen würde, wenn er im Begriff war, etwas Törichtes zu tun.

Im alten Griechenland betrachtete man solche Wesen als positiv und gut, aber in späteren Jahrhunderten wandelte sich ihr Bild zu etwas Bösem; das Wort „Dämon" kommt vom griechischen „Daimon".

Kurz zusammengefaßt war das Verständnis des Genius in der klassischen Antike das eines Geistes, der mit bei unserer Geburt zum Leben erwacht und dann unser ganzes Leben als Quelle der Unterstützung, der Kraft und der Führung begleitet. Er begleitet unsere Seele bei der Geburt und in den Tod. Er ist weder ganz innerhalb noch ganz außerhalb unseres Selbst, sondern lebt in beiden Bereichen.

Diese Sichtweise aus dem Altertum gibt uns einen Rahmen, der uns an den Genius als an ein Geschenk unserer Seele denken läßt. Der Tiefenpsychologe James Hillman schreibt: „Wir alle sind mit einem bestimmten Charakter geboren; er ist vorherbestimmt; ein Geschenk der Schützer, wie die Legende sagt, zu unserer Geburt." Hillman hat auch in Westafrika, Haiti, Südamerika und den Ureinwohnern Nordamerikas Hinweise auf einen Genius gefunden.

Robert Bly bezieht sich auf das gleiche Konzept, wenn er in *Die kindliche Gesellschaft* davon spricht, daß jeder Mensch einen „geistigen Zwilling" hat.

Bei der Geburt werden wir (wir und unser geistiger Zwilling) von einander getrennt, und vielleicht begegnen wir unserem geistigen Zwilling nie wieder in diesem Leben, obwohl wir uns immer nach ihr oder ihm sehnen werden. In diesen Kulturen werden die Geburtstagskerzen nicht für uns selbst, sondern für den Zwilling angezündet. Ein bißchen davon findet sich in den Namenstagsbräuchen, wenn jedem Menschen durch seinen Namen ein Heiliger oder eine Heilige zugeordnet wird.

Wenn der Genius fehlt, bleibt also ein Gefühl der Sehnsucht. Und, wie Coomaraswamy uns warnt, eine Gefahr.

In einem Brief an einen Freund schreibt William Blake:
„Mehr und mehr scheint es mir, als sei meine kreative Kraft ein eigenständiges Wesen, und als müßte ich bei dem, was ich dir schicke,

meinem Genius oder Engel folgen, wohin er mich auch führt. Verhielte ich mich anders, würde sich der alleinige Sinn meines Lebens nicht erfüllen lassen ..."

Mir gefällt diese Sicht auf den Genius als eine Verbindung von Schutzengel und geistigem Führer, weil dadurch betont wird, daß der Genius eine uns immer begleitende Kraft ist, die uns Inspiration, Leitung, Hoffnung und Schutz bietet. Ich höre in dieser Beschreibung des Genius Echos einer Macht, die zum Ausdruck kommen muß; einer Kraft, die nicht nur natürlich, sondern auch notwendig ist.

Verbinden wir die Lexikon-Definition von „Genius" als einer natürlichen Fähigkeit mit der klassischen Idee des Genius als einer Kraft, dann ergibt sich daraus ein Synonym für den Genius: „Natürliche Kraft."

Die Energie der Seele

In vielen spirituellen Traditionen findet sich die Idee der Seele. Meist gilt die Seele als eine Art Geist, der losgelöst von unseren Dimensionen von Zeit und Raum existiert und durch uns in der körperlichen Welt wirkt. Wenn eine Seele in die körperliche Welt eintritt, tut sie das, um sich selbst zu heilen. Mit sich bringt sie die Energie, die für diese Heilung erforderlich ist. Ich nenne diese Energie den Genius.

Der Wissenschaftler und Philosoph Gary Zukav beschreibt die Seele so: „Sie ist eine positive, zielgerichtete Kraft im Zentrum unseres Selbst." Auch das ist eine gute Beschreibung unseres Genius.

Diana, die ihren Genius „Fürsorglich sein" nennt, meint: „So will meine Seele sich in diesem Leben zum Ausdruck bringen. Das zu wissen, nützt mir sehr. Ich vergeude weniger Kraft und konzentriere mich auf das, was in meinem Leben wichtig ist. Ich bin produktiver."

Das Ziel unserer Seele, Urvorgang, natürliche Kraft: Jede dieser

Ideen ist nützlich, um unseren Genius zu verstehen. Er ist eine natürliche Fähigkeit, eine deutliche Ausrichtung, ein Geist, eine Kraft. Er ist ein Vorgang in unserem Zentrum und der Sinn unseres Daseins. Hillman vergleicht ihn mit einer Eichel und sagt: „... jeder Mensch trägt eine Einmaligkeit in sich, die gelebt werden will, und die schon existiert, bevor sie gelebt werden kann."

Wenn ich auf den weiteren Seiten dieses Buches vom Genius spreche, tue ich das in dem Sinn, in dem die alten Griechen und Römer davon gesprochen haben – als ein Schutzengel und Leitstern. Aber Sie brauchen meine spirituellen Überzeugungen nicht zu teilen, damit Ihr Genius, wenn Sie ihn benennen und respektieren, in Ihrem Leben hilfreich ist. Die ersten Dinge, die ich über meinen Genius herausgefunden habe, sind auch ohne einen spirituellen Aspekt bedeutungsvoll, und so wird es Ihnen auch gehen. Und doch: Je mehr mein spirituelles Verständnis meines Genius sich entwickelt hat, desto mehr war ich bereit, das Nötige zu tun, um meinen Genius näher an meinen Lebensmittelpunkt heranzurücken. Beim Weiterlesen werden Ihnen viele Wahlmöglichkeiten begegnen, die es Ihnen erlauben, Ihrem Genius mehr Gewicht in Ihrem Leben zu geben.

Erworben oder angeboren?

Wenn ich mich über den Genius unterhalte, werde ich immer wieder gefragt, ob der Genius genetisch begründet, also angeboren, oder erlernt sei? Und jedes Mal antworte ich: Ich weiß es nicht.

Wenn wir Genius im klassischen Sinne als Energie der Seele verstehen, wird die Frage sowie so unentscheidbar. Und die Menschen, die sich mit dem Genius beschäftigen, entwickeln ihre je eigenen Ansichten darüber, was er eigentlich ist. Hier sind zwei Beispiele:

Andrea leitet Abenteuerkurse. Sie veranstaltet Wochenenden

und Freizeiten, in denen man klettern und abseilen lernt. Ihr Genius heißt „Für Sicherheit sorgen". Ihr zuzusehen, wie sie Klettertechniken und Sicherheitsausrüstung erklärt, ist eine beeindruckende Demonstration eines Genius in Aktion.

Andreas Eltern starben kurz nach ihrer Geburt. Die ersten Jahre ihres Lebens verbrachte sie bei verschiedenen Pflegefamilien. Als Erwachsene trägt Andrea eine undeutliche Erinnerung mit sich, „in der Wiege ertränkt" worden zu sein. Als sie ihrer Adoptivmutter davon erzählte, konnte diese ihr die Bedeutung der Erinnerung erklären.

Als Andrea achtzehn Monate alt war, hatte ihre Adoptivmutter Rückenprobleme und durfte nichts heben. Eines Tages wollte Andrea gar nicht zu weinen aufhören, und ihre Mutter, der sie furchtbar leid tat, bat die früher für Andrea zuständige Sozialarbeiterin um Hilfe, weil sie selbst sie nicht hochnehmen konnte. Die Sozialarbeiterin hörte Andreas unstillbares Weinen und goß ein großes Glas Wasser über sie aus.

Andrea ist überzeugt: „Ich kann mich als Kleinkind kaum besonders sicher gefühlt haben, nachdem ich von einer Pflegefamilie zur nächsten geschoben worden und so von der Sozialarbeiterin behandelt worden war." Andrea meint, daß sie aufgrund dieser Erfahrungen ihren Genius erlernt hat.

Marianne erklärt ihren Genius ganz anders. Mit dreiundvierzig Jahren hatte sie einen Autounfall, bei dem die beiden Freunde, die mit ihr im Auto waren, ums Leben kamen. Sie selbst erlitt eine Vielzahl von Verletzungen, derentwegen sie mehrfach operiert werden mußte und zwei Jahre lang ein intensives Rehabilitationsprogramm brauchte. Während dieser Zeit verfolgte sie die Frage: „Warum habe ich überlebt?"

Für Marianne fing eine lange Suche nach Antworten auf ihrer Frage an. Sie machte eine Psychotherapie und beschäftigte sich mit der Literatur über Nah-Tod-Erfahrungen. Sie berichtet: „Nach dem

Unfall fragte ich mich lange Zeit, warum ich nicht auch gestorben war. Meinen Genius zu benennen, hat mir eine teilweise Antwort darauf gegeben. Ich glaube, mein Genius ist eine Energie meiner Seele, und tief innen bin ich überzeugt, daß ich noch mehr mit dieser Energie tun muß."

Marianne hat ihren Genius „Den Weg bereiten" genannt.

Andreas und Mariannes Schlußfolgerungen stehen für zwei mögliche Ansichten über den Genius. Andrea glaubt, der Genius entsteht aus dem Erlebten, während Mariannes Sicht ganz und gar spirituell ausgerichtet ist. Wer hat recht? Ich weiß keine Antwort, die irgendwie bewiesen werden kann. Vielleicht ist Andreas Ansicht die einzig richtige, und Mariannes Überzeugung entspringt dem Bedürfnis nach einer Antwort auf eine bedrückende Frage. Möglicherweise hat aber auch Marianne Recht, und Andrea erinnert sich an das Gefühl, überschüttet zu werden, weil es ihrem Genius so sehr entgegenstand.

Ich selbst teile eher Mariannes Ansicht.

Hilfreiche Erklärungsmodelle für den Genius

Entscheiden Sie für sich, welche der folgenden Modelle des Genius für Sie im Moment am angemessensten ist. Suchen Sie nicht die „richtige" Antwort. Gönnen Sie sich den Luxus einer Bauchentscheidung.

Die Modelle schließen sich gegenseitig nicht aus, und vielleicht sprechen Sie Aspekte von mehr als einem Modell an. Falls das so ist, können Sie natürlich eine Aussage über Ihre ganz persönlichen Ansichten zum Genius aufschreiben. Denken Sie daran, daß Ihr Verständnis des Genius keine Problem ist, das gelöst werden muß, sondern ein Geheimnis, das Sie erforschen. Es gibt keine richtige Antwort; es gibt nur Ihre Überzeugungen.

- Der Urvorgang: Unser ganz eigener Weg, die von der Welt angebotenen Informationen zu verarbeiten, um unser Ziel zu erreichen.
- Eine natürliche Kraft: Eine Fähigkeit, die uns von Natur aus gegeben ist, und die uns besonders liegt.
- Der griechisch-römische Genius: Ein Geist, der mit uns geboren wird und uns während unseres Lebens beisteht als unser Schutzengel und Leitstern.
- Die Energie der Seele: Eine positive, zielgerichtete Kraft im Zentrum unseres Seins.

4 FRUSTRATION UND HINDERNISSE

Der Ausdruck Ihres Selbst ist Ihr Geschenk an die Welt.
Laurence Boldt

Am Anfang des zweiten Kapitels erzähle ich die Geschichte, wie Werner Heisenberg die Unschärfetheorie der Quantenmechanik entdeckt. Bevor er in dem Kopenhagener Park spazierenging, hatte ihn seine Unfähigkeit frustriert, das vor ihm liegende Problem zu lösen. Er beschrieb sich selbst als „völlig erschöpft und sehr angespannt". Seine Frustration kam daher, daß sein Genius lahmgelegt war.

Frustration entsteht aus dem Gefühl, an etwas gehindert zu werden. Es taucht auf, wenn Ihre bewußten Pläne oder unbewußten Absichten zunichte gemacht scheinen.

Sie fühlen sich getäuscht und vielleicht auch nutzlos. Frustration steigt in Ihnen auf, wenn das, was Sie tun wollen, nicht funktioniert. Der berühmte Streßforscher Hans Selye sagt:

„Wenn blockiert wird, was ein Mensch unbedingt tun möchte, löst das genauso viel Leid aus, wie die erzwungene Fortsetzung und Intensivierung einer Aktivität über das erwünschte Maß hinaus. Diese Regel zu mißachten führt zu Frustration, Müdigkeit und Erschöpfung, die in einem geistigen oder körperlichen Zusammenbruch enden können."

Sie haben keinen natürlicheren Antrieb in sich, als Ihren Genius. Frustration ist oft ein Hinweis darauf, daß die Umstände oder andere Menschen der Erfüllung Ihres Genius im Wege stehen, oder daß Sie Ihren Genius über ein gesundes Maß hinaus beanspruchen und belasten. Bemerken Sie Ihre Frustration frühzeitig, bevor sie zu Müdigkeit, Erschöpfung oder gar einem Zusammenbruch führt, können Sie oft wertvolle Hinweise auf Ihren Genius entdecken.

Joyce: „Tiefer graben"

Selye weist darauf hin, daß es neben der Behinderung unserer natürlichen Wünsche einen weiteren Auslöser von Frustration gibt, und zwar das Verlängern und Intensivieren einer Aktivität über ein für uns gesundes Maß hinaus. Joyces Erfahrung in ihrer Ehe illustriert diesen zweiten Weg. Joyce ist seit zwanzig Jahren verheiratet. Ihr Genius heißt „Tiefer graben", und so beschreibt sie ihn:

„Wenn ich mich auf etwas einlasse, tue ich das ganz und gar. Ich will dann an allem beteiligt sein, was damit zu tun hat – alle Zusammenhänge, die Gesamtaussage, die Details, den Kleinkram, alles. Ich denke dann ununterbrochen an diese Sache. Und ich will immerzu darüber sprechen und will für alles, das passiert, eine tiefere Bedeutung finden. Ich lasse mich restlos ein. Was auch immer es gerade ist, kann zu einer Art Religion für mich werden."

Joyces Versuche, die Probleme in ihrer Ehe immer noch besser zu durchschauen, führten für sie zu Jahren voller Frustration.

Sie erinnert sich: „Das Problem war, daß ich immer tiefer graben wollte und mein Mann nicht. Mein Ringen mit diesem Unterschied zwischen uns hat zu fast zwanzig Jahren der Frustration und zu einigen sehr seltsamen Verhaltensweisen bei mir geführt."

Anders als Francine, die sich entschloß, ihre Firma zu verlassen, entschloß Joyce sich, ihre Ehe fortzusetzen. Joyce erkannte, daß die Hauptursache ihrer Frustration ihr Herumgraben in Äußerlichkeiten wie der Ehe und ihrer Arbeit war.

Sie beschreibt: „Sobald ich mich darauf konzentrierte, nun einmal mich selbst tiefer und besser zu verstehen, lösten sich die Probleme in meiner Ehe und mit meiner Arbeit wie von selbst."

Joyce zog aus dem gemeinsamen Haus aus, mietete sich eine Wohnung und lebte dort für acht Monate. Sie mußte etwas über sich selbst erfahren. Erst dann konnte sie bei anderen Dingen tiefer graben, ohne aus dem Blick zu verlieren, wer sie selbst war.

Bemerken Sie Frustrationen rechtzeitig

Wenn wir unsere Frustrationen bemerken und sie dafür einsetzen wollen, unseren Genius zu benennen, liegt der Trick darin, die Frustration in dem Moment wahrzunehmen, wenn sie entsteht. Während ich das hier schreibe, sorge ich mich zum Beispiel um eine gute Freundin. Eigentlich hatte ich sie vor vier Tagen telefonisch erreichen wollen. In diesen vier Tagen habe ich sechsmal bei ihr angerufen. Sie hat einen Anrufbeantworter, aber der scheint nicht zu funktionieren. Sie hat bisher nicht versucht, mich zu erreichen, obwohl wir ausgemacht hatten, uns gegenseitig anzurufen. Sie wohnt mit einer Freundin zusammen, aber keine der beiden geht ans Telefon.

Wie bereits erwähnt heißt mein Genius „Klarheit schaffen". Was für eine ungeklärte Situation! Ist meine Freundin krank? Ich bin mir sicher, daß sie nicht wütend auf mich ist. In mir sind verschiedene Gefühle: Besorgnis, Unruhe und Frustration. Als ich meine Frustration bemerke, frage ich mich: „Welcher Teil von mir kommt hier nicht zu seinem Recht?" Die Antwort: Was nicht zu seinem Recht kommt, ist mein Bedürfnis, die Ereignisse zu durchschauen. Die ungeklärte Situation frustriert mich, weil mein Genius sich nach Klarheit sehnt. Jetzt habe ich den Hinweis entdeckt.

Nicht immer ist Frustration ein Hinweis darauf, wie unser Genius funktioniert. Es kann zum Beispiel auch frustrierend sein, etwas Neues zu lernen oder zu versuchen, ein schwieriges Problem zu lösen. Diese Art der Frustration kann, muß aber nicht mit Ihrem Genius verbunden sein.

Forschen Sie in Ruhe

Rufen Sie sich mehrere frustrierende Situationen ins Gedächtnis, um in Ihrer Frustration nach Hinweisen auf Ihren Genius zu suchen. Das können sowohl große, als auch kleine Ereignisse sein. Sie können aus Ihrer Kindheit stammen oder frische Erinnerungen sein. Vielleicht frustriert Sie gerade jetzt etwas. Setzen Sie sich in Ruhe hin, und erinnern Sie sich an eine dieser Situationen in allen Einzelheiten. Manchmal hilft es, dabei die Augen zu schließen. Gehen Sie so jede der erinnerten Situationen in kleinen Schritten durch, und fragen Sie sich: „Was in mir ist in dieser Situation nicht zum Zuge gekommen?" Versuchen Sie nicht, eine Antwort zu erzwingen; fällt Ihnen auch nach einigen Minuten nichts ein, dann gehen Sie zur nächsten Situation. Wenn Sie eine Antwort finden, dann gehen Sie zu anderen Situationen oder rufen die Situationen wach, die Ihnen einfielen, während Sie nach der Antwort suchten. Prüfen Sie, ob die Antwort auch auf andere Situationen paßt.

Mankos

Wir würden unsere Frustrationen lieber vergessen, und doch erweisen sie sich als wichtiger Hinweis auf unseren Genius. Und noch etwas würden wir lieber vergessen, das uns wichtige Hinweise liefern kann: die Mankos, die andere uns zuschreiben.

Als kleines Kind galt Cheryl als „neugierig". Sie war eines dieser Kinder, über die wir sagen: „Vor der ist nichts sicher." Keine Schublade, kein Küchenschrank blieb ungeöffnet. Kein Topf, keine Pfanne, keine Schachtel, mit denen nicht gespielt wurde. Kein Spielzeug, kein Haushaltsgerät, das nicht genau untersucht wurde.

In der Schule machte ihr jedes Fach Spaß. Kunst und Mathematik waren gleichermaßen Lieblingsfächer.

Als es dann an der Zeit war, sich für eine Universität und ein Studienfach zu entscheiden, fiel es Cheryl schwer, sich festzulegen. Sie wollte alle Vorlesungsverzeichnisse lesen und so viele Universitäten ansehen wie möglich. Sie konnte sich für kein Studienfach entscheiden; viele schienen ihr reizvoll.

Ihre Eltern verloren die Geduld mit ihr. Was sie früher als Neugier unterstützt hatten, empfanden sie jetzt als lästig. Sie drängten auf eine Entscheidung. Aus dem ehemals „wissensdurstigen" Kind war eine „entscheidungsschwache" Jugendliche geworden, die sich nicht festlegen konnte.

Cheryls Eltern empfanden jetzt Cheryls Genius, den sie „Alle Möglichkeiten erforschen" genannt hat, als Belastung. Was sie einmal so an ihr geschätzt hatten, sahen sie jetzt als Fehler an.

Wir verpassen uns gegenseitig viele negative Etiketten, die ich Mankos nenne: entscheidungsschwach, unkonzentriert, herrschsüchtig, laut, schüchtern, quasselig, flatterhaft, anstrengend, zwanghaft und so weiter. Solche negativen Etiketten können uns wichtige Hinweise auf unseren Genius geben, wenn es uns gelingt, herauszufinden, was an uns unbequem oder unpraktisch für unsere Umwelt war, die uns das negative Etikett aufgedrückt hat.

Ich schlage vor, daß Sie, nachdem Sie die folgenden Hilfsmittel angewendet haben, das Buch für einen Tag beiseite legen und etwas anderes tun. Erlauben Sie sich einen Tag, um herauszufinden, was Sie tun, wenn Sie sich nicht beobachten. Spüren Sie ihre Frustrationen auf und die negativen Etiketten, die man Ihnen aufgedrückt hat.

Was dabei hilft, unsere Frustrationen aufzuspüren

■ Frustrationsquellen

Vervollständigen Sie die folgenden Sätze, und prüfen Sie dann, ob sich in Ihren Worten Verbindungen oder ein Muster finden lassen.

Es frustriert mich, wenn _ein blöder Sonntag ereignislos verläuft_.

Es frustriert mich, wenn _Regine Felgemeinplatz-Aussichten von sich gibt_.

Es frustriert mich, wenn _etwas nach vielen Versuchen nicht klappt (Diktiersoftware u. ä.)_.

Es frustriert mich, wenn _lange GP-Diskussionen auf den Konferenzen nicht voran kommen_.

Es frustriert mich, wenn _von unten die Musik so laut ist nachts!_

Krankheit + Schwerden frustriert mich, weil _ich mich dabei so hilflos fühle_.

Meine Verdrängung frustriert mich, weil _ich es nicht schaff, sie zu beseitigen! und sie mich einschränkt_.

Stät frustriert mich, weil _keine Verbindung möglich_.

Manchmal bin ich frustriert, weil _Liebevolles, Hilfreiches_ in mir nicht zum Zuge kommt.

Manchmal bin ich frustriert, weil _das Kreative + Fließende_ in mir nicht zum Zuge kommt.

Manchmal bin ich frustriert, weil _Tatkraft und Energie_ in mir nicht zum Zuge kommt.

Als Kind oder Teenager hat es mich frustriert, wenn _ich etwas nicht konnte, wie Sport, oder ich mich was nicht traute (tauchen)._

Als Kind oder Teenager hat es mich frustriert, wenn _ich mit den Stiften + Papier so selten gestattet habe; so verschieden (blöde) Ansätze, und keinerlei Anregung möglich!_

Namensschildchen

Bei Workshops zum Thema Genius fordere ich die Teilnehmer auf, Namensschildchen zu tragen, auf die sie das schreiben, was sie im Moment für ihren Genius halten. Dieses Hilfsmittel fördert die Konzentration auf den Genius. Und es erlaubt es den Teilnehmern, einen Namen sozusagen „anzuprobieren", ihn für eine Weile zu tragen und zu prüfen, ob er sich richtig anfühlt.

Ich vermute, daß Sie keine große Lust haben, in Ihrem Alltag mit einem solchen Schildchen herumzulaufen. Aber Sie können, wenn Sie eine Idee haben, was Ihr Genius sein könnte, diesen Namen auf ein Stück Papier schreiben und dort hinkleben, wo Sie ihn oft sehen. Tauschen Sie den Namen immer wieder aus, wenn ein anderer Ihnen passender erscheint. Vielleicht bemerken Sie, daß Sie den Namen ansehen und denken: „Das stimmt so nicht." Dann vertrauen Sie diesem Impuls, und suchen Sie weiter nach dem richtigen Namen.

Negative Etiketten

Schreiben Sie die negativen Etiketten auf, die andere Ihnen aufgedrückt haben. Fragen Sie sich selbst: „Was an mir hat sie gestört oder war unbequem für sie?"

Versuchen Sie, Ihre Antwort nicht als Selbstkritik, sondern positiv zu formulieren.

- „eigenbrötlerisch" → meine selbständige, autonome, intellektuelle, selbstgenügsame Art
- „kritisch / lehrerinnenhaft"
- „besserwisserisch / verbessernd" → mein Intellekt, schnelle Analyse, Bewertung und die pädagogische Vermittlung / der Anspruch das Wissen dann zu teilen + weitergeben
- „bissig / hart" → Dinge knackhart auf den Punkt bringen, das Wesentliche sehen, mutig benennen wie ich etwas sehe
- „unordentlich" → ich brauche die Sachen um mich herum um sie einbeziehen zu können
- „anderen zu viel abnehmen, d.h. sie nicht ernst nehmen" → fürsorglich sein, Hilfe bieten wollen, pragmatisch + effektiv sein wollen damit
- „ungerecht manchmal" → schnell Bewertungen durchführen können
- „Heulsuse" → Gefühle zeigen können

5 GESCHICHTEN ERZÄHLEN

Der Genius-Schalter hat keine Aus-Stellung.
David Letterman

Es ist halb acht morgens, und die ersten Sonnenstrahlen lassen aus der Erde im Naturschutzgebiet bei meinem Haus Dampf aufsteigen. Diese Stelle habe ich erst vor kurzem entdeckt und komme jetzt oft her. Ich sitze auf einer Bank aus Holz, trinke Kaffee in kleinen Schlucken und versuche zu ergründen, welche Botschaft der Little Miami River für mich hat. Der Fluß schlängelt sich wenige Meter entfernt durch den Wald. In den letzten Tagen ist sein Wasser immer klarer geworden. Der Schlamm, den er nach den schweren Regenfällen des Frühsommers mitgeführt hat, hat sich abgesetzt, und im grünen Funkeln des klaren Wassers spiegelt sich das Blätterdach der alten Eichen, in deren Schatten ich sitze.

Ein Zweig zerbricht mit lautem Knacken, und ich bemerke einen Mann, der den schmalen Pfad entlang auf meinen friedlichen Platz am Fluß zukommt. Er trägt klobige, ausgetretene Stiefel, ein abgetragenes schwarzgelb kariertes Arbeitshemd und ausgebleichte Khakihosen. Er hat sich schon eine Weile nicht mehr rasiert; am Kinn hat er graue und schwarze Stoppeln. Ich schätze ihn auf etwas über sechzig Jahre. Er lächelt, als wollte er mich davon überzeugen, daß er nichts Böses im Sinn hat.

„Das Wasser wird langsam wieder normal", meint er, bleibt hinter der Bank stehen und sieht über meine Schulter auf das träge fließende Wasser.

Ich bin nicht so sicher, ob ich mich gerade unterhalten möchte und murmele ein zögerndes „Ja".

„Vor ein paar Wochen", sagt er, „stand der Fluß so hoch, daß man die Bank nicht mehr gesehen hat, auf der Sie sitzen."

Er setzt sich, und mir ist klar, daß ich gehen muß, wenn ich mich nicht unterhalten will. Ich bleibe sitzen.

Er streckt mir seine Hand entgegen: „Ich heiße Clyde. Habe Sie hier noch nie gesehen."

Ich stelle mich vor. „Sie kommen also oft hier her?" frage ich.

Er sagt: „Ja. Ich verbringe hier meine Zeit, seit ich vor ein paar Monaten arbeitslos geworden bin. Ich brauchte etwas zu tun, also kümmere ich mich jetzt ehrenamtlich um den Park. Morgens öffne ich die Tore, bin den größten Teil des Tages hier, gehe zum Abendessen nach Hause, und dann komme ich wieder, bis ich bei Sonnenuntergang die Tore abschließe. Ich bin gerne hier und habe etwas zu tun."

Mir war Clyde bei meinen wenigen Besuchen noch nicht aufgefallen. Und doch war ich jetzt sicher, daß er mich schon früher bemerkt hatte und neugierig war, etwas über den Neuen in seinem Park zu erfahren.

Ich stelle Fragen, die er beantwortet, und im Verlauf von vielleicht zehn Minuten erfahre ich, daß er im technischen Wartungsdienst eines Kaufhauses gearbeitet hat, daß er sich um eine ältere Schwester kümmert, die bei ihm wohnt und daß er zwei Mietwohnungen besitzt.

Während er mir all diese Dingen erzählt, fange ich an, zwischen den Zeilen auf Hinweise auf seinen Genius zu horchen. Ein amüsantes Spiel und eines, das ich scheinbar nicht mehr stoppen kann, seit ich dieses Buch schreibe.

Ich fange an zu vermuten, daß sein Genius etwas mit versorgen oder vielleicht mit heil und ganz machen zu tun hat. Wartungsdienst ist schließlich etwas, das mit reparieren und ganz machen zu tun hat. Und jetzt verbringt er seinen Zeit damit, sich um den Park zu kümmern, er kümmert sich um seine ältere Schwester, von der er sagt, daß es ihr „nicht so gut" gehe, und er erledigt nahezu alle anfallenden Reparaturen in den Mietwohnungen. Er kümmert sich, repariert, wartet, bringt in Ordnung und so weiter. Mir kommt der Gedanke, daß Clyde sicher gleich zur Stelle wäre, wenn ich beim Verlassen des Parks Probleme mit meinem Auto hätte.

Obwohl ich nicht weiß, wie Clyde seinen Genius nennen würde, bin ich sicher, daß in den Geschichten, die er mir erzählte, viele Hinweise verborgen liegen.

Am Ende des letzten Kapitels habe ich Ihnen vorgeschlagen, auf Worte zu achten, die vielleicht Teil des Namens für Ihren Genius werden könnten. Dieses Kapitel beschreibt eine Technik, wie sich noch mehr Worte finden lassen. Die Worte, die Sie auf diese Weise finden, sind Rohmaterial für den Namen Ihres Genius.

Diese Technik hat damit zu tun, daß Sie Geschichten über sich selbst erzählen. Dann untersuchen Sie die Geschichten auf Hinweise auf Ihren Genius, so, wie ich Clydes Geschichten auf Hinweise auf seinen Genius durchforscht habe.

Dieser Vorgang des Geschichtenerzählens besteht aus vier Schritten. Sie brauchen dazu Ihr Notizheft oder anderes Schreibmaterial.

1. Schritt: Erzählen Sie drei Geschichten

Erinnern Sie sich an drei Situationen in Ihrem Leben, in denen Sie erfolgreich waren, mit sich ganz einverstanden waren, und alles, was Sie taten, richtig gut lief. „Erfolgreich" meint jede Art von Erfolg, die Sie damit meinen wollen. „Mit sich ganz einverstanden sein" heißt hier, daß Sie das Gefühl hatten, etwas zu leisten und etwas Gutes, Sinnvolles zu tun, was auch immer es war. „Gut laufen" heißt, daß sich die Dinge gut angefühlt haben und Sie sich nicht besonders überwinden mußten, weil Ihnen die Dinge leicht gefallen sind. Die drei Situationen können aus jedem beliebigen Abschnitt Ihres Lebens stammen. Vielleicht sind es Kindheitserinnerungen, Arbeitssituationen, Situationen in Ihrer Familie, oder sie haben mit einem Hobby zu tun. Es können einmalige Ereignisse sein oder Vorgänge, die sich über eine längeren Zeitraum erstreckt haben. Es gibt keine Bedingungen, außer:

1. Sie waren erfolgreich.
2. Sie haben sich gut gefühlt.
3. Alles lief gut.

Wenn Sie drei solche Erinnerungen in sich wachgerufen haben, dann schreiben Sie acht bis zehn Sätze auf, die das Ereignis beschreiben. Konzentrieren Sie sich beim Schreiben auf das, was Sie selbst getan haben, nicht auf das, was andere getan haben oder was darum herum passiert ist. Verwenden Sie oft das Wort „Ich", um Ihre Handlungen, Gedanken und Gefühle zu beschreiben. Beschreiben Sie nicht die Situation insgesamt, sondern nur sich selbst in dieser Situation.

Als Beispiele gebe ich hier die drei Geschichten wieder, die ich auf der Suche nach dem Namen meines Genius aufgeschrieben habe:

In den siebziger Jahren habe ich für eine Unternehmensberatung gearbeitet, deren Angebot sich besonders an soziale Einrichtungen und Fortbildungsstätten richtete. Kurse, in denen es um Werte und Menschlichkeit ging, wandten sich an Drogenberater, Lehrer und Menschen, die im medizinischen Bereich arbeiten. Ich entwarf Kursprogramme, unterrichtete und leitete Lerngruppen. Ich entwarf neue Projekte. Ich war Teil eines Teams, und ich lernte ausgesprochen viel von den anderen Teammitgliedern. Ich genoß meine Arbeit.

Als ich ungefähr neun Jahre alt war, bekam ich eine Spielzeug-Druckerpresse zum Geburtstag. Gummibuchstaben, die in auf eine Maschine mit einer richtigen Walze paßten, gehörten dazu, und Druckerschwärze. Meine Familie war gerade in eine neue Gegend gezogen, und ich stellte eine Nachbarschaftszeitung her. Das gab mir einen Grund, die Leute zu interviewen, die dort wohnten. Ich wollte mehr über sie und über alles in Erfahrung bringen, was dort vor unserem Einzug so passiert war. Ich befragte Leute, schrieb über das Erfahrene und druckte meine Artikel.

Meine Ex-Frau und ich besaßen zwei Pferde, beide Springpferde. Sie war eine begeisterte Reiterin und ritt schon, seit sie ein kleines Mädchen gewesen war. Für mich war das Ganze Neuland. Während sie Springstunden nahm, lagen mir eher entspannte Ausritte durch den Wald. Aber ich sah bei ihrem Unterricht zu und habe sicher beim Zusehen einiges gelernt. Einmal überredete ihr Lehrer mich, es auch einmal zu versuchen, und stellte ein niedriges Hindernis auf. Ich stieg auf und ritt eine langsame Runde durch die Halle, dann nahmen wir das Hindernis ohne den kleinsten Fehler. Drei oder vier Leute hatten zugesehen und applaudierten stürmisch. Ich war ganz überrascht, aber in der darauffolgenden Woche fing ich an, selbst Unterricht zu nehmen, lernte immer mehr und wurde schließlich ein ganz passabler Springreiter.

2. Schritt: Machen Sie zwei Listen

Erstellen Sie zwei Listen aus den Worten, die Sie bei der Beschreibung der drei Ereignisse verwendet haben. Die erste Liste enthält die Verben, mit denen Sie Ihre eigenen Handlungen beschrieben haben. Meist ist das das Wort gleich hinter dem „Ich". In meiner ersten Ge-

schichte schrieb ich zum Beispiel: „Ich entwarf Kursprogramme."
„Entwarf" kommt also auf meine erste Liste.

Die zweite Liste enthält Wörter oder Ausdrücke, die das beschreiben, mit dem Sie etwas getan haben. Ich, zum Beispiel, entwarf „Kursprogramme". Oft, aber nicht immer, werden also in dieser Liste die grammatischen Objekte der Sätze stehen, die mit „ich" anfangen. Manchmal ist das Objekt auch nicht im Satz enthalten, aber das sollte Ihnen keine Sorgen machen. Der Sinn dieser Übung ist es, Worte zu finden, nicht Grammatikexperte zu werden.

Hier sind meine beiden Listen:

Verben (Was ich tat)	**Objekte** (Womit ich etwas tat)
gearbeitet	für Unternehmensberatung
entwarf	Kursprogramme
unterrichtete	
leitete	Lerngruppen
entwarf	Projekte
lernte	ausgesprochen viel
genoß	Arbeit
stellte her	Zeitung
interviewen	Leute
wollte	mehr in Erfahrung bringen
befragte	Leute
schrieb	das Erfahrene
druckte	meine Artikel
lagen mir	Ausritte
sah	Unterricht
lernte	einiges
stieg auf	Pferd
ritt	Runde
nahmen	Hindernis

war überrascht
fing an Unterricht
lernte immer mehr
wurde passabler Springreiter

3. Schritt: Was zieht Sie an?

Gehen Sie Ihre Listen noch einmal durch, und markieren Sie die Worte, die Sie anziehen. Denken Sie noch gar nicht darüber nach, warum die Worte Sie ansprechen, stellen Sie einfach bei jedem Wort fest, ob es Ihnen angenehm ist. Ich wählte aus meiner Verben-Liste:

entwarf
unterrichtete
leitete
entwarf
lernte
genoß
stellte her
interviewen
befragte
schrieb
lernte
lernte
wurde

Aus meiner Objekt-Liste wählte ich:

Lerngruppen
Projekte

Leute
mehr in Erfahrung bringen
Leute
Unterricht
Unterricht
immer mehr

Zusammen mit meinen Notizen über das Bemerken und über meine Frustrationen waren die Worte in diesen Listen alle Informationen, die ich auf der Suche nach meinem Genius in der Hand hatte.

4. Schritt: Den gemeinsamen Nenner finden

Ihr Genius ist der gemeinsame Nenner all der Energien, die in diesen Geschichten enthalten sind. In der Mathematik ist der gemeinsame Nenner einer Reihe von Zahlen diejenige Zahl, durch die sie alle teilbar sind. Ich meine aber nicht den „gemeinsamen Nenner" im wörtlichen und mathematischen Sinn. Um den Begriff gemeinsamer Nenner greifbar zu machen, suchen Sie einmal den gemeinsamen Nenner in jeder dieser drei Zahlenreihen:

4, 6, 12, 24, 100
9, 15, 21, 30
15, 25, 65, 90

Die gemeinsamen Nenner sind 2, 3 und 5.

Den gemeinsamen Nenner der Geschichten zu finden, die Sie geschrieben haben, ist allerdings nicht ganz so einfach, weil er unter der Oberfläche der Informationen liegt. Er ist eben nicht der übliche gemeinsame Nenner. Finden Sie beispielsweise einmal den gemeinsamen Nenner in dieser Zahlenreihe:

6, 7, 17, 36, 97, 612

Für diese Reihe ist der gemeinsame Nenner, daß die Namen aller Zahlen mit dem Buchstaben „s" anfangen: sechs, sieben, siebzehn, sechsunddreißig, siebenundneunzig, sechshundertzwölf.

Der gemeinsame Nenner liegt unter der Oberfläche der Zahlenwerte. Er ist nicht sofort erkennbar, genau, wie Ihr Genius vielleicht in den von Ihnen erstellten Wortlisten nicht sofort erkennbar ist. Sie werden ihn aufspüren müssen, unter der Oberfläche der Informationen – so, wie Sie den „gemeinsamen Nenner" der letzten Zahlenreihe erst aufspüren mußten.

Meinen Glückwunsch, falls Sie die Antwort für die letzte Zahlenreihe herausgefunden haben. Die wenigsten kommen darauf.

Die Grundidee

Im dritten Kapitel finden sich vier verschiedene Beschreibungen des Genius; der Urvorgang, eine natürlich Kraft, die Energie der Seele und die antike Idee des Geistes, der für uns sorgt. Es gibt noch eine fünfte Beschreibung, die Ihnen helfen wird, die von Ihnen zusammengetragenen Listen besser zu verstehen. Man kann den Genius auch als die Grundidee verstehen, die hinter all den Fähigkeiten und Handlungen auf Ihrer Liste steht. Ihr Genius ist eine Naturkraft, die sich ausdrücken will. Die Fähigkeiten und Aktivitäten, die Sie anziehen, sind diejenigen, die Ihren Genius zum Ausdruck kommen lassen. Gleichzeitig sind das wahrscheinlich die Dinge, die Sie am besten können.

So über unseren Genius nachzudenken, öffnet uns eine weitere Möglichkeit, ihn zu entdecken. Kehren Sie noch einmal zu Ihren Listen zurück, und fügen Sie alle Fähigkeiten oder Aktivitäten hinzu, die Ihnen außerdem noch Freude machen. Fähigkeiten und Aktivitäten, an denen ich Freude habe, sind beispielsweise: unterrichten, schreiben, fotografieren, forschen, Kurse entwickeln, Forellen angeln und beratend für einzelne Menschen oder für Firmen tätig zu sein. Auf welcher Grundidee beruhen nun alle diese Fähigkeiten und Aktivitäten? Sie alle machen mir Freude, weil es bei allen auf die eine oder andere Art darum geht, Klarheit zu schaffen, für mich oder für andere.

Solange ich mir über meinen Genius nicht wirklich ganz im klaren bin, denke ich vielleicht, die Grundidee davon, Einzelpersonen Rat zu geben oder Firmen und Gruppen zu beraten, sei das Helfen, und die Idee hinter dem Forschen sei es, neues Wissen zu erlangen. Dabei sind das nur die Absichten, die mir in dem Moment bewußt sind. Die Grundidee, das Schaffen von Klarheit, liegt aber hinter meinen bewußten Absichten verborgen.

Nicht immer ist die Verbindung zwischen dem, was Ihnen Freude macht, und Ihrem Genius deutlich zu erkennen. Auch das Forellenangeln steht auf meiner Liste: Obwohl ich es prima finde, einen großen Fisch an die Angel und aufs Trockene zu bekommen, macht es mir wenig aus, ohne Fang nach Hause zu kommen – Hauptsache, ich habe Spaß gehabt. Spaß haben bedeutet für mich, mich aktiv um das bemüht zu haben, was ich am liebsten tue: Klarheit zu darüber zu gewinnen, wie man am besten nach Forellen angelt. Neue Klarheit ist mir deutlich wichtiger als eine Forelle. Jeder Fluß ist jeden Tag eine neue Erfahrung; eine Erfahrung, die für mich nach Klärung ruft.

Der letzte Schritt auf der Suche nach dem Namen für Ihren Genius besteht darin, daß Sie alle Informationen auswerten, die Sie in den letzten drei Kapiteln zusammengetragen haben. Im nächsten Kapitel erzähle ich Ihnen, wie andere mit diesem wichtigen Schritt umgegangen sind.

Wichtige Fragen

Inzwischen habe ich eine ganze Menge von Fragen angeboten, die Sie sich stellen können, um dem Namen Ihres Genius näher zu kommen. Von all diesen Fragen sind vier besonders wichtig. Um sie leichter zugänglich zu machen, zähle ich sie hier noch einmal auf.

1. Welche Beziehung besteht zwischen allen Dingen, die Ihnen an sich selbst auffallen, wenn Sie nicht auf sich achten? Anders gefragt: Was ist der gemeinsame Nenner?
2. Welcher Teil von Ihnen kommt nicht zum Zuge, wenn Sie sich frustriert fühlen?
3. Welches besondere und einmalige Geschenk machen Sie immer wieder sich selbst und anderen?
4. Was ist die Grundidee hinter allen Fähigkeiten und Aktivitäten, die Ihnen Freude bereiten?

Alle vier Fragen haben die gleiche Antwort: Ihr Genius.

Wie Sie Ihre Geschichten besser untersuchen können

Was ist ein Genius?

Ich habe der Liste möglicher Sichtweisen auf das Konzept des Genius aus dem dritten Kapitel eine weitere hinzugefügt: die Grundidee. Außerdem haben Sie nach den letzten Kapiteln möglicherweise Ihre Meinung darüber geändert, was das eigentlich ist, ein Genius. Es könnte sich lohnen, die Liste noch einmal durchzugehen.

Entscheiden Sie, welche der folgenden Sichtweisen auf Ihren

Genius für Sie im Augenblick am sinnvollsten scheint. Suchen Sie nicht nach einer „richtigen" Antwort. Gönnen Sie sich den Luxus einer Bauchentscheidung.

Die Sichtweisen schließen sich nicht gegenseitig aus, und es ist möglich, daß verschiedene Aspekte Sie ansprechen. Wenn das so ist, schreiben Sie einfach in einigen Sätzen Ihre eigene Ansicht über den Genius auf. Denken Sie daran, daß Ihr Verständnis des Genius kein zu lösendes Problem ist, sondern ein Geheimnis, das erforscht werden will. Es gibt hierbei keine richtige Antwort; es gibt nur Ihre ganz eigenen Ansichten.

> *Urvorgang: Ihre individuelle Art, die Informationen Ihrer Umgebung zu verarbeiten, um Ihr Ziel zu erreichen.*
> *Natürliche Kraft: eine Fähigkeit, die Sie wie von Natur aus haben und die Ihnen sehr liegt.*
> *Griechisch-römischer Genius: Ein Geist, mit Ihnen geboren, der Sie Zeit Ihres Lebens umsorgt, Ihr Schutzengel und Leitstern ist.*
> *Energie der Seele: Eine positive, zielgerichtete Kraft in Ihrem Innersten.*
> *Grundidee: Das Motiv, das allen Talenten und Fähigkeiten zugrunde liegt, die Sie entwickeln und trainieren.*

Ein Kartenspiel

Schreiben Sie die Worte, die Sie in der Geschichten-Übung in diesem Kapitel angesprochen haben, auf Karteikarten. Nehmen Sie für jedes Wort eine neue Karte. Legen Sie alle Karten auf den Tisch. Mischen Sie sie langsam. Entstehen Gruppierungen? Kommen Ihnen manche Worte verwandt vor? Worin liegt die Verwandtschaft?

Die Grundidee

Sehen Sie sich die Liste der Worte an, die Sie beim Lesen dieses Kapitels aufgestellt haben. Fertigen Sie für diese Worte eine Liste gemeinsamen Nenner an.

6 DAS PUZZLE LÖSEN

Die weise und geordnete Seele folgt ihrem Wegweiser und erkennt ihre Bedingtheiten.
Platon

Jetzt ist der Zeitpunkt gekommen, die Informationen, die Sie in den letzten Kapiteln zusammengetragen haben, in einen Namen für Ihren Genius umzuwandeln. Ich kenne dafür keine absolut zuverlässige Methode. Vergessen Sie aber nicht, den Namen Ihres Genius finden Sie in einem Aha-Erlebnis, nicht durch intellektuelle Analyse. Man kann es mit einem komplizierten Puzzlespiel vergleichen. Jetzt haben Sie viele der Puzzleteile: das, was Sie an sich selbst beobachtet haben, das, was nicht zu seinen Recht kommt, wenn Sie sich frustriert fühlen, die Worte aus Ihren Geschichten und was Sie sich über die Grundidee hinter Ihren bevorzugten Aktivitäten und Fähigkeiten aufgeschrieben haben. Jetzt kommt es darauf an, herauszufinden, wie die Teile zusammenpassen.

Ich kann beschreiben, wie es bei mir funktioniert hat, aber für Sie kann es trotzdem ganz anders laufen. Es überrascht mich immer wieder, auf wie vielen verschiedenen Wegen Menschen den Namen für ihren Genius entdecken.

Ich ging meine Liste durch und bemerkte, daß die Worte „lernte", „entwarf", „Verständnis" und „Unterricht" etwas miteinander zu tun hatten; es kam mir so vor, als ginge es bei ihnen immer um die gleiche Sache. „Worum geht es bei diesen Worten?" fragte ich mich. Dann fiel mir auf, daß die Worte „entwarf", „unterrichtete", „leitete", „plante", „interviewte" und „schrieb" Dinge beschrieben, die ich tat, um Lernen, Unterricht und Verständnis zu ermöglichen.

Ich erkannte zwei Gruppen. Die erste war eine Gruppe von Begriffen, die etwas mit Lernen zu tun hatten, die zweite Gruppe hatte mit Lernmethoden oder damit zu tun, das Gelernte mitzuteilen. Außerdem wurde mir deutlich, daß ich meist dann frustriert bin, wenn ich ein Ereignis oder etwas, was man mir erzählt, nicht verstehe. Die Teile meines Puzzles fanden langsam zusammen.

In mir wuchs die Vermutung, daß mein Genius mit verstehen und kommunizieren zu tun hatte. Ich erinnerte mich an die Regeln für die Namensfindung und daran, daß der Name meines Genius nur ein Verb haben konnte. Außerdem kam mir der Verdacht, daß Verständnis und Kommunikation gar nicht die Grundidee waren. Ich fragte mich: „Was ist die Absicht, die noch dahinter liegt?" Die Antwort lautete: „Klarheit herstellen", aber das Wort „herstellen" gefiel mir noch nicht. Also sah ich noch einmal meine Liste durch, und der Begriff „schaffen" sprang mir entgegen. Plötzlich standen die Worte „Klarheit schaffen" vor meinem inneren Auge, und mir war, als sei eine Tür aufgesprungen, durch die gleißend helles Licht fiel. Da war das Aha! Mein Genius heißt „Klarheit schaffen".

Wenn ich es so erzähle, klingt das alles so einfach, aber so war das ganz und gar nicht. Meine Beschreibung ist ein bißchen so, als ob ich sagen würde: „Dieses Fünfhundert-Teile-Puzzle habe ich gelöst, indem ich mir zuerst die roten, dann die blauen Teile vorgenommen habe, dann den Rand und schließlich die Mitte." Tatsächlich dauerte der Vorgang mehrere Wochen und war voller Fragen, Irrwegen und Verwirrung. Eben genau so, wie ein Fünfhundert-Teile-Puzzle.

Wie man ein Fünfhundert-Teile-Puzzle löst

Der Rat, den ich Ihnen für Ihre Sache geben kann, ist der gleiche, den ich Ihnen bei einem Fünfhundert-Teile-Puzzle geben würde. Sehen Sie sich als erstes die Teile an, um zu erkennen, welche zusammenzupassen scheinen. Für unsere Aufgabe sind die Teile die Worte der Liste, die Sie gerade erstellt haben, Ihre Beobachtungen über sich selbst und über die Ursachen Ihrer Frustrationen. Und dann, wenn Sie ein paar Teile zusammengetragen haben, fragen Sie sich, was sie bedeuten. Was haben sie gemeinsam? Wie passen sie zusammen? Als drittes betrachten Sie immer wieder die Einzelteile, um weitere passende Teile zu entdecken, die auf irgendeine Art zu denen passen, die Sie schon zugeordnet haben. Wenn sie nicht zusammenpassen oder nicht zu dem, was Sie schon haben, dann legen Sie sie zur Seite. Viertens, falls Sie gar nicht vorwärts kommen, sollten Sie eine Weile etwas anderes tun. Bieten Sie Ihrem Unbewußten ein wenig Abwechslung, um das Wirrwarr Ihrer Gedanken zu durchbrechen.

Ein anderer wichtiger Teil Ihrer Namenssuche ist das Vertrauen auf Ihre Intuition. Was meine ich damit? Ich sitze an meinem Computer, denke darüber nach, was ich sagen will und wie ich es in Worte fassen kann. Dann halte ich für einen Moment inne, und ein Gedanke kommt mir in den Kopf, der hier überhaupt nicht herzugehören scheint. Eine mögliche Reaktion ist, den Gedanken beiseite zu schieben. Eine andere Möglichkeit ist, sich zu fragen: „Was hat dieser Gedanke wohl mit dem zu tun, was ich gerade schreibe?" Manchmal hat der Gedanke dann wirklich überhaupt nichts damit zu tun, wie zum Beispiel: „Ich habe vergessen, zur Reinigung zu gehen." Aber oft führt der Gedanke mich in einen Bereich, der für meinen Text relevant ist.

Vertrauen Sie diesen scheinbar abwegigen Gedanken auf Ihrer Suche nach Ihrem Genius lange genug, um ihre Bedeutung herauszufinden. Fragen Sie sich: „Was hat dieser Gedanke mit meinem Genius zu tun?" Wahrscheinlich tauchen diese Gedanken in Ihnen auf, während Sie eine Pause von Ihrer verstandesorientierten Suche nach einem Namen machen. Mikes Erfahrung zeigt besonders gut, wie produktiv es sein kann, auf der Suche eine Pause von der Gedankenarbeit zu machen.

Als ich meine Geschichten aufgeschrieben hatte, hatte ich zwar die Informationen, aber es gelang mir nicht, sie miteinander in Verbindung zu bringen. Am nächsten Morgen ging ich laufen. Beim Joggen lasse ich gewöhnlich meine Phantasie einfach freien Lauf. Obwohl es fast zehn Jahre her ist, sehe ich noch immer den genauen Ort vor mir, wo plötzlich die Worte „Tiefere Zusammenhänge entdecken" in mir auftauchten. Es kam mir so vor, als verfestige sich in diesen Worten etwas, was ganz tief in mir war.

Die Listen, die Sie zusammengestellt haben, sind nur Rohmaterial. Die Worte, die Ihren Genius beschreiben, können darunter sein, genauso wahrscheinlich ist es aber, daß sie nicht dabei sind. Und vergessen Sie nicht, daß Ihr Genius – anders als ein Fünfhundert-Teile-Puzzle – nicht in einer Schachtel mit einer Abbildung auf dem Deckel geliefert wird.

Der Moment des Entdeckens

Viele, die ihren Genius gefunden haben, erinnern sich sehr deutlich an den Augenblick der Entdeckung, und aus diesen Beispielen läßt sich einiges lernen.

Dianas Entdeckungserlebnis war ziemlich dramatisch. Diana ist eine Kollegin von mir, die ihren Genius „Fürsorglich sein" nennt.

Wie sie diesen Namen gefunden hat, ist auf mehr als eine Art interessant. Nachdem sie vom Bemerken und den Frustrationen erfahren hatte, machte sie die Übung des Geschichtenerzählens, redete mit Leuten, die sie gut kennen, und nannte ihren Genius dann „Zuständig sein". Sie erzählte mir, daß dieser Name zu ihr zu passen schien. Sie ist eine hervorragende Organisatorin. Wenn sie mit mir einen Workshop leitet, beobachtet sie, was getan werden muß und tut es dann. Wenn ich zu ihr sage: „Das muß bis Freitag fertig sein. Kannst du dich darum kümmern?" dann weiß ich, wenn sie „ja" sagt, ist es ganz sicher bis Freitag erledigt.

Aber irgend etwas ließ Diana keine Ruhe. Sie sagte zu mir: „Der Name ‚Zuständig sein' fühlt sich ganz gut an, aber ich bin nicht richtig begeistert davon. Er paßt zu mir, aber ich habe das Gefühl, daß mir da noch etwas fehlt. Ich denke immer noch darüber nach, und ich weiß nicht, warum."

Wir redeten eine Weile über ihr Unbehagen, dann sprachen wir von etwas anderem. Sie erzählte, daß eine Bekannte zu ihr gesagt hatte, daß sie so gut für sich sorge. Das hatte sie sehr erstaunt. Sie meinte: „Ich war überrascht, das zu hören, weil ich mir nie Gedanken darüber gemacht habe, wie ich für mich sorge. Als ich dann darüber nachgedacht habe, fiel mir auf, daß es stimmt. Ich kümmere mich sehr um mich. Ich reise seit einiger Zeit weniger, weil es mich zu sehr anstrengt. Ich treibe regelmäßig Sport. Ich gehe jede Woche zum Friseur und zur Maniküre, ob es nötig ist oder nicht. Ich schreibe diese Termine in meinen Wochenplaner und gebe ihnen Priorität. Ich lasse mir helfen, wenn ich Hilfe brauche. Als ich mich nach mehr Zeit zu Hause gesehnt habe, habe ich mein Büro aufgegeben und arbeite jetzt von zu Hause aus."

Ich dachte daran, wie unzufrieden sie mit dem Namen war, den sie ihrem Genius gegeben hatte. Ich sagte zu ihr: „Diana, ich glaube, dein Genius heißt nicht ‚Zuständig sein', sondern ‚Fürsorglich sein'."

Diana ist ein eher zurückhaltender Mensch, aber in dem Moment fing sie an zu weinen. Später beschrieb sie die Erfahrung. „Genau wie du es immer beschreibst! Ich habe es im Bauch gespürt. Als du gesagt hast: ‚Fürsorglich sein', fing es in mir an zu brodeln. Zuerst im Bauch, dann stieg es höher. Was für ein überwältigendes Gefühl! ‚Fürsorglich sein' fühlte sich so richtig an, und ich war glücklich, mich so genau kennenzulernen. Es war großartig. In dem Augenblick habe ich mich wirklich verstanden. Ich sah meine ganz eigene Energie und Kraft."

Dreierlei läßt sich aus Dianas Erfahrung mit dem Namen lernen. Erstens ist ihre spontane Reaktion auf die Worte „Fürsorglich Sein" eine sehr dramatisches Beispiel für das, was ich Entdeckungserfahrung nenne. Was sich da für Diana abspielte, war ein Verstehen, das über intellektuelles Verständnis weit hinausgeht. Diana erlebte das, was Eugene Gendlin eine „besondere Wahrnehmung" nennt. In seinem Buch *Focusing. Selbsthilfe bei der Lösung persönlicher Probleme* beschreibt Gendlin den Begriff „besondere Wahrnehmung " so: Eine besondere Wahrnehmung ist keine mentale, sondern eine physische Erfahrung. Physisch. Ein körperliches Wissen um eine Situation oder eine Person oder ein Ereignis. Eine innere Aura, die alles einschließt, was wir in diesem Augenblick von einer Sache wissen oder über sie fühlen – sie schließt all das ein und teilt es uns alles auf einmal mit, nicht eine Wahrnehmung nach der anderen. Stellen Sie sich vielleicht einen Geschmack vor, oder einen Musikakkord, der in Ihnen etwas Kraftvolles auslöst, ein großes, rundes, unklares Gefühl.

Eine besondere Wahrnehmung hat nach Gendlin die folgenden Merkmale:

1. Sie ist nicht nur eine geistige Erfahrung, sondern eine körperliche Empfindung.

2. Zu Beginn ist sie fast immer undeutlich.
3. Sie erreicht uns nicht in Form von Gedanken oder Worten oder anderen voneinander getrennten Einheiten, sondern als ein einziges körperliches Gefühl.
4. Sie ist keine Emotion, hat aber, neben geistigen Komponenten auch emotionale Bestandteile.
5. Sie kann Veränderungen auslösen.
6. Wenn wir eine besondere Wahrnehmung erleben, löst sich etwas in unserem Körper, etwas, das angespannt war, entspannt sich.

Meist kann ich erkennen, ob mein Gegenüber wirklich den eigenen Genius entdeckt hat, weil es dann zu körperlichen Reaktionen kommt. Die körperliche Reaktion ist ein Hinweise auf eine besondere Wahrnehmung, daß der Genius der richtige ist. Selten ist die Reaktion so dramatisch wie Dianas Tränen. Oft ist es ein breites Grinsen oder Lächeln, die Sorte Lächeln, die sagt: „Aber ja! Das ist es! Hurra, ist das nicht toll?"

Jemand hat das Gefühl einmal als ein Summen beschrieben.

Manchmal kommt es aber auch zur Bedrückung oder Angst. Joyce, deren Genius „Tiefer graben" heißt, sagt: „Als ich mich meinem Moment der Entdeckung näherte, wollte ich nicht, daß ‚Tiefer graben' mein Genius ist. Eine Freundin hat es dann genau mit mir durchgesprochen und sah, wie aufgewühlt ich war. Schließlich erkannte ich, daß es das ist. Etwas in mir wollte es nicht wahrhaben, ich hatte wohl Angst davor."

Der zweite wichtige Aspekt von Dianas Erfahrung ist, daß „Fürsorglich sein" nicht der erste Name war, den sie ihrem Genius gegeben hatte. Das ist oft so. Wie im ersten Kapitel beschrieben ist der Vorgang der Namensgebung vergleichbar mit dem Schälen einer Zwiebel. Die äußeren Schichten bestehen aus Talenten, Begabungen, Interessen oder Fähigkeiten, die Sie entwickelt haben, um Ihren Genius zum Ausdruck bringen zu können. Dianas Fähigkeit, Verantwortung zu übernehmen und ihr Organisationstalent sind Ausdrucksformen ihres eigentlichen Genius. Ihre Grundintention, wenn sie Verantwortung übernimmt oder etwas organisiert, ist es, fürsorglich zu sein.

Als ich nach dem Namen für meinen Genius gesucht habe, dachte ich an „Lernerfahrungen ermöglichen", „Ideen zusammenbringen" und „Wahrheit suchen" als mögliche Namen, aber bei keinem hatte ich eine besondere Wahrnehmung, daß sie stimmig wären. Es ist wahr, daß ich all das tue, aber ich tue alle diese Dinge nur, um Klarheit zu schaffen. Das alles sind Fähigkeiten, Talente, Interessen und Begabungen, die die äußeren Schalen der Zwiebel bilden, sie sind nicht die Grundidee.

Der Test, ob Sie den richtigen Namen gewählt haben, ist Ihre eigene besondere Wahrnehmung der Stimmigkeit. Wenn Sie einen Namen für Ihren Genius gewählt haben und trotzdem weiter unsicher sind, dann sollten Sie diesem Gefühl vertrauen und weitersuchen.

Warten Sie auf das Aha, das Ihre besondere Wahrnehmung beim richtigen Namen für Ihren Genius begleitet. Wenn es der richtige ist, werden Sie das mit mehr als nur Ihrem Verstand wissen.

Denken Sie aber daran, daß uns manchmal unser Genius selbst es schwer macht, den richtigen Namen zu entdecken. Falls Ihr Genius etwas wie „Alternativen erwägen" oder „Tiefer graben" ist, werden Sie vielleicht einen Namen finden und dennoch Alternativen abwägen oder weitersuchen wollen.

Der dritte wichtige Punkt ist, daß Diana mit anderen Leuten über ihren Genius gesprochen hat. Sie hat die Rückmeldungen von anderen für ihre Suche verwendet. Die Bekannte, die bewundert hatte, wie gut sie sich um sich kümmerte, hat Diana ein schönes Geschenk gemacht: den letzten fehlenden Hinweis auf ihren Genius. Als sie von ihrem Unbehagen sprach, brachte mich das auf die Idee, nach weiteren Hinweisen zu suchen, ihre Grundidee zu entdecken und ihren Genius in dem Hinweise zu entdecken, den ihre Bekannte ihr gegeben hatte.

Die Menschen, die uns kennen, sehen oft Dinge, die wir selbst gar nicht wahrnehmen. Das trifft wohl besonders auf die Suche nach unserem Genius zu, der für uns völlig natürlich scheint und uns nicht weiter auffällt. Joyce sagte zu mir: „Er ist so sehr ein Teil von mir, daß ich ihn nicht wahrgenommen habe. Er war für mich unsichtbar, weil ich glaubte, jeder macht das genau wie ich." Das nächste Kapitel handelt davon, wie wir mit anderen Menschen über unseren Genius sprechen können.

Auch Dan bekam einen wichtigen Hinweis von anderen. Er nahm an einem fünftägigen Workshop teil, in dem es auch darum ging, den eigenen Genius zu entdecken. Zu dem Workshop gehörten auch freie Zeiten, um nachzudenken, Notizen zu machen oder zu entspannen. In einer solchen freien Zeit beschlossen Dan und einige andere, ein Segelboot zu mieten und auf einem nahegelegenen See segeln zu gehen. Dan, ein erfahrener Segler, fragte die Gruppe: „Wohin wollt ihr segeln?" Sie sagten es ihm, und dann ging es los. Dan übernahm es, die nötigen Segelanweisungen zu geben, damit sie dort hinkamen, wo die Gruppe hinwollte. Beim Abendessen waren alle ganz erfüllt von ihrem Abenteuer. Eine Frau, die mitgesegelt war, beschrieb: „Dan war es scheinbar wichtiger, die Route zu finden, als das Boot zu segeln."

Dan hörte die Worte, „die Route finden" und wußte in dem Augenblick, daß er seinen Genius gefunden hatte. Er beschrieb diesen Moment der Entdeckung als einen „Schlag". In dem Augenblick wurde ihm klar, wie er in seinem Beruf, in seiner Familie und seinem Leben insgesamt die Route fand.

Mandy: „Es funktionieren lassen"

Manchmal ist der Augenblick der Entdeckung auch nur ein Schritt auf einem längeren Weg. Es kommt vor, daß der Genius sich sehr langsam, nach und nach, zeigt. Mandy arbeitet in der Personalabteilung einer großen Firma. Sie hat fünf Jahre lang die Zwiebel Schale um Schale geschält, bis sie ihren Genius entdeckte. Am Anfang stand für sie ein Workshop, in dem sie ihren Genius „Türen öffnen" genannt hat.

„Der Name ‚Türen öffnen' kommt zu einem großen Teil aus der Arbeit, die ich mache", sagt sie. „Ich habe gern Ideen oder Projekte auf den Tisch gebracht, von denen ich hoffte, daß sie im Leben eines Menschen einen Unterschied machen könnten. Mein Vergnügen lag darin, anderen Menschen Möglichkeiten zu eröffnen. Ob die Menschen mein Angebot wahrnahmen, war gar nicht so wichtig. Ich wollte ihnen nur die Tür zu neuen Ansichten und Möglichkeiten öffnen. Türen zu öffnen war für mich wie das Setzen von Samenkörnern, die die anderen dann selbst hochziehen mußten."

Während des nächsten Jahres nagte ein Unbehagen an Mandy, daß der Name „Türen öffnen" doch nicht der richtige sei. Es kam ihr so vor, als sei da noch etwas, etwas, das sie nicht erkannte.

„Aber ‚Türen öffnen' sagt nichts darüber aus, wie tief ich mich auf das einlasse, was ich tue, die Intensität mit der ich mich meiner Projekte annehme", erkannte sie. „Ich bin beispielsweise nie ein einfaches Mitglied der Berufsvereinigungen, denen ich angehöre, sondern ich bin Leiterin oder Vorstandsmitglied. So ist es auch in meinem Privatleben. Als meine Kinder im Kindergarten waren, habe ich einen Tag in der Woche ehrenamtlich mitgearbeitet. In meiner sehr schwierigen Ehe habe ich Türen geöffnet, indem ich das nächste Buch, die nächste Ankündigung eines Paarwochenendes, die nächste Motivationskassette mitgebracht oder den nächsten Therapeuten gefunden habe."

Etwa ein Jahr nach dem Workshop änderte Mandy den Namen ihres Genius zu „Mich ganz einlassen". Sie war frustriert, weil es ihr nicht gelungen war, ihren Ehemann in ihre Bemühungen um ihre Ehe mit einzubeziehen, und sah diese Frustration als Hinweis, daß „Türen öffnen" nicht in allen Teilen der richtige Name war. Sie mußte die Zwiebel noch weiter schälen.

Sie meinte: „Als mir der Name ‚Mich ganz einlassen' einfiel, schien er mehr darüber auszusagen, warum es für mich so enttäuschend gewesen war, meinen Mann so gar nicht für die Rettung unserer Beziehung aktivieren zu können. ‚Türen öffnen' erklärte diese Enttäuschung einfach nicht, und der Name fühlte sich mehr und mehr hohl und unecht an."

Die nächsten vier Jahre benutzte Mandy den Namen „Mich ganz einlassen" als Beschreibung ihres Genius. „Auch heute sehe ich in dem Namen noch viele Wahrheiten", sagt sie rückblickend. „Und doch fiel mir auf, wie viele Dinge ich tat, ohne mich ganz darauf einzulassen. Außerdem bemerkte ich, daß ich nicht der Typ für Details bin, außer wenn ich an etwas arbeite, was mir selbst wichtig ist, und niemand sonst sich um dieses Detail kümmern kann. Dann kümmere ich mich darum, aber es fällt mir alles andere als leicht."

Mandy beschloß, sich scheiden zu lassen, und während des darauf folgenden Jahres gelangte sie noch einmal zu ganz neuen Einsichten über ihren Genius.

„Klar geworden ist es mir, als ich den Menschen um mich erklärte, warum ich mich scheiden ließ. Wieder und wieder sagte ich: ‚Ich konnte es einfach nicht zum Funktionieren bringen.' Da dachte ich, der Name meines Genius sei sicher ‚Es funktionieren lassen'. Es genügt mir nicht, die Dinge, die mir wichtig sind, aus sicherem Abstand zu betrachten. Ich will aktiv werden und alles in Ordnung bringen."

Für sie fühlt sich erst diese Beschreibung ihres Genius genau richtig an. „An meiner Arbeit hat mich interessiert, daß ich da Lösungen für verfahrene Situationen finden kann. ‚Es funktionieren lassen' paßt genau auf meine Arbeit. Es erklärt, wie ich mein Leben lang mit meinen Kindern und den Menschen um mich herum umgegangen bin. Und dieser Name macht mir klar, warum ich in meiner Ehe so unzufrieden war. ‚Türen öffnen' und ‚Mich ganz einlassen' waren einfach nur Strategien, die ich angewendet habe, um ‚Es funktionieren zu lassen'."

Daß Mandys Auseinandersetzung mit ihrem Genius fünf Jahre gedauert hat, ist nicht ungewöhnlich. Viele finden einen Namen, der paßt und bleiben bei ihm. Andere finden hinter dem zuerst gewählten Namen weitere Bedeutungsebenen. Der Genius hat sich nicht verändert, sondern wir haben ein tieferes Verständnis für den Genius entwickelt und erkennen, daß was wir zuerst für den Genius hielten, nur eine Fähigkeit oder eine Strategie ist.

Ein paar Tips

■ Gedanken, die nicht dazugehören

Seien Sie aufmerksam für alle scheinbar nicht dazugehörenden Gedanken, die Ihnen bei der Suche nach Ihrem Genius in den Kopf kommen. Behandeln Sie diese Gedanken als mögliche Hinweise auf Ihren Genius.

■ Zwanzig Fragen

Kennen Sie das „Zwanzig Fragen"-Spiel? Es geht so: Ich suche mir eine Person, eine Sache oder ein Ereignis aus, und Sie haben zwanzig Fragen, um herauszufinden, woran ich denke. Die Fragen müssen sich mit Ja oder Nein beantworten lassen. Sie können auch mit Ihrem Genius „Zwanzig Fragen" spielen, um seinen Namen herauszufinden.

Sitzen Sie ein paar Minuten still. Vor Ihnen liegt Ihr Notizbuch, aber Ihre Augen sind geschlossen. Stellen Sie sich vor, Ihr Genius sei mit Ihnen im Zimmer. Öffnen Sie dann die Augen, und schreiben Sie auf, was Sie Ihren Genius über seinen Namen fragen würden. Hören Sie in sich hinein, um die Antwort „Ja" oder „Nein" zu hören, und schreiben Sie auch diese auf. Notieren Sie auch Ihre Gedanken auf der Suche nach Fragen. Vertrauen Sie bei den Antworten ganz auf Ihre Eingebung. Fragen Sie nicht direkt: „Wie heißt du?" Stellen Sie lieber Fragen, die aus Ihren Vermutungen über Ihren Genius entstehen, wie: „Hat dein Name etwas mit Klarheit zu tun?" oder „Ist dein Name metaphorisch?" oder „Bin ich auf der richtigen Fährte?"

Voraussetzungen für dieses Experiment

- Sie haben einen Genius.
- Sie haben nur einen Genius.
- Ihr Genius begleitet Sie schon Ihr ganzes Leben.
- Ihr Genius ist ein Geschenk, das Sie sich und anderen machen.
- Ihr Genius ist natürlich und spontan und eine Quelle Ihres Erfolges.
- Ihr Genius ist eine positive Kraft.
- Der Name für Ihren Genius kann wörtlich oder metaphorisch sein, aber er sollte nur ein Verb und ein Substantiv enthalten.
- Ihr Genius ist nicht, was Sie sich wünschen, sondern er ist, was er ist.

7 GEMEINSAM SUCHEN

Jede Seele trägt ihre ganz eigene Zusammensetzung der Lebenskraft mit in die Schule der Welt.
Gary Zukav

Ich sitze mit fünfzehn anderen Menschen in einem hellen, eichengetäfelten Raum im Kreis. Vor den großen Fenstern sehen wir Schneeflocken auf dürres Gras und gefrorene Erde fallen. Jeder der anderen ist hier, um ihren oder seinen Genius zu entdecken. Ich begleite ihre Suche. Es ist Sonntagmorgen; wir sind seit Freitagabend hier.

Seit wir angekommen sind, haben wir über den Genius gesprochen, über das Bemerken und unsere Frustrationen. Sie haben sich ihre Geschichten erzählt und haben Wortlisten erstellt. Sie haben nach der Grundidee hinter ihren Fähigkeiten und den Aktivitäten gesucht, die ihnen Freude bereiten. So haben sie eine Vielzahl von Teilen ihres ganz eigenen Puzzles gesammelt.

Neun tragen Namensschildchen, auf denen der Name steht, den sie ihrem Genius gegeben haben. Auch ich trage ein Schildchen, auf dem „Klarheit schaffen" steht. Die Schildchen ermutigen sie, ihrem Genius einen Namen zu geben, und wir erkennen an ihnen, wie weit wir schon sind.

Marie: „Wege erforschen"

Zu Beginn jeder Einheit sind all die, die seit der letzten Gesprächseinheit den Namen ihres Genius geändert haben, eingeladen, sich über den neuen Namen für ihren Genius zu äußern.

GEMEINSAM SUCHEN

Gestern trug Marie ein Schildchen mit dem Namen „Den Weg finden". Heute steht „Wege erforschen" darauf. Sie erzählt von ihrem Bedürfnis, sich alle Möglichkeiten offen zu halten und immer wieder neue zu entdecken. Sie schreibt Gedichte und Kinderbücher. Sie töpfert und malt, modelliert, gärtnert und kocht ganz ausgezeichnet. Sie experimentiert mit Schablonen und der Collagetechnik. In einer weniger wohlwollenden Umgebung würde sie vielleicht als „unkonzentriert", „zerstreut", oder als „alles ein bißchen, nichts richtig" bezeichnet. Hier aber würdigen wir die Fülle und Vielseitigkeit.

Sie sagt: „,Den Weg finden' paßte einfach nicht, denn es klang so, als suchte ich nach dem richtigen Weg. Das tue ich absolut nicht. Ich bin überzeugt, daß alle meine Wege auf ihre Art richtig sind, und ich will jeden von ihnen erforschen."

Frank, der kein Namensschildchen trägt, erzählt von seinem erfolglosen Bemühen, den richtigen Namen für seinen Genius zu finden. Er hat das Gefühl, nicht weiter zu kommen. Er lächelt verschmitzt: „Langsam glaube ich, mein Genius heißt ‚Mir aus dem Weg gehen'."

Auf Sams Namensschild steht „Darüber sprechen", aber er sagt, daß ihm der Name noch nicht ganz richtig vorkommt. Er wünscht sich mehr Hilfe von der Gruppe, bevor wir auseinandergehen.

Auch Carmen sagt, daß sie noch mehr über ihren Genius sprechen möchte. Sie hat „Hoffnung schöpfen" auf ihr Schildchen geschrieben.

Anne, die noch kein Namensschild trägt, klagt: „Warum ist das so schwer? Wenn mein Genius ein so natürlicher Teil meiner selbst ist, warum kann ich ihn dann nicht benennen? Das sollte nicht so schwer sein."

Unaufmerksam sein

Was Anne sagt, stimmt; es sollte nicht so schwer sein. Ist es aber oft. Obwohl es einfach darum geht, einen natürlichen Teil von uns selbst zu entdecken, kann es eine echte Herausforderung sein. Die Herausforderung entsteht entweder aus Jahren der Unaufmerksamkeit unserem Genius gegenüber, oder aus einem Mangel an Respekt ihm gegenüber, von Ihnen oder den Menschen, die in Ihrem Leben wichtig sind.

Die meisten Menschen sind sich ihres Genius nicht bewußt. Dafür gibt es mindestens drei Gründe. Erstens ist Ihr Genius spontan und ganz natürlich, so daß Sie nicht über ihn nachdenken müssen. Sie folgen ihm einfach, obwohl mangelndes Bewußtsein verhindern kann, daß er bestmöglich und mit ganzer Kraft zum Ausdruck kommt.

Zweitens haben viele von uns negative Botschaften über ihren Genius empfangen. Oft sagen andere zu uns, daß wir schlauer sind als uns gut tut oder zu empfindlich, zu gefühlsorientiert, zu wählerisch oder irgend etwas anderes Abwertendes. Joyce, deren Genius „Tiefer graben" heißt, wurde lange als fanatisch bezeichnet. Francines Genius, „Das Herz beteiligen", hat sie in den Ruf gebracht, zu weich zu sein. Daves Genius heißt „Gerade ausrichten", er gilt als zwanghaft. Mir hat man das Etikett „zu anstrengend" aufgedrückt. Fanatisch, zu weich, zwanghaft, anstrengend sind die Etiketten, die andere dem Teil in uns aufdrücken, der, richtig verstanden und angewendet, von großem Nutzen für uns sein kann. Diese Kritik kann dazu führen, daß wir unseren Genius verleugnen.

Drittens kann Ihr Genius zu Unannehmlichkeiten führen, wenn Sie ihn in Situationen einsetzen, in denen die anderen ihn nicht wollen oder mögen. Ich habe zum Beispiel manchmal jemandem aus seinem Ärger heraushelfen wollen, indem ich ihn in eine Klarheit schaffende Diskussion darüber verwickelt habe, warum er eigentlich wütend ist. Manchmal will der andere aber einfach wütend sein und will noch gar nicht – und vielleicht nie – verstehen, warum er wütend ist. In solchen Situationen fühle ich mich dann meist frustriert, und der andere ist oft genau so frustriert wie ich. Und manchmal richtet der andere dann seinen Ärger gegen mich.

Es ist ganz sicher keine gute Idee für mich, jemandem zu verstehen helfen zu wollen, warum er oder sie wütend auf mich ist. Das letzte, was er oder sie in der Situation möchte, sind meine ungeschickten, wenn auch gut gemeinten Versuche, Klarheit zu schaffen. Wenn wir zu oft den eigenen Genius vorführen, wo er nicht willkommen ist, können die Reaktionen der anderen uns an unserem Genius zweifeln lassen. Manchmal wollen die anderen Ihre besondere Gabe einfach nicht. Manchmal ist Ihr Genius für andere unbequem.

Ganz gleich, warum Sie Ihren Genius ignorieren mögen, ihn sich ins Bewußtsein zu holen ist eins der größten und wichtigsten Geschenke, die Sie sich selbst machen können.

Anne: „Tief empfinden"

Anne fährt fort: „Ich bin so entmutigt, weil mein Genius unsichtbar bleibt."

Die Teilnehmer in dieser Gruppe haben gelernt, daß es für den anderen sehr wertvoll sein kann, wenn wir ihm unsere Beobachtungen urteilsfrei mitteilen.

Frank sagt ihr: „Was mir an dir aufgefallen ist, Anne, ist, daß du wirklich in Kontakt mit den Gefühlen der anderen zu kommen scheinst. Du wirkst traurig, wenn ein anderer Schwierigkeiten hat, und wenn jemand über etwas lacht, lächelst du ganz oft mit. Als ich gestern so niedergeschlagen war, hast du völlig verstanden, was in mir vorging."

„Ja, das stimmt wohl", antwortet Anne. „Deshalb glaube ich, daß mein Genius etwas mit anderen Menschen zu tun hat."

Ich erinnere Anne daran, sich auf die Vorgänge in ihr selbst zu konzentrieren, nicht auf deren äußere Zeichen. Die äußeren Zeichen sind Hinweise, aber der Genius ist ein innerlicher Vorgang. Per Definition ist der Genius ein Geschenk, das wir den Menschen um uns herum machen. Die Frage ist: „Worin besteht mein besonderes Geschenk?" Meine Hoffnung ist, daß Anne ihre besondere Gabe für andere, aber auch für sich selbst einsetzt.

Marie stimmt zu: „Der erste Name, den ich für meinen Genius fand, war ‚Anderen helfen'.

Meine besondere Art zu helfen war, daß ich anderen geholfen habe, ihren Weg zu finden. Jetzt habe ich den Namen zu ‚Wege erforschen' geändert. Weil ich so oft neue Wege für mich erforsche, kann ich anderen, wenn sie nicht weiter wissen, oft einen Lösungsweg aus ihrem Dilemma zeigen."

Einem unbestimmten Gefühl folgend frage ich Anne: „Welcher Teil von dir kommt jetzt gerade nicht zu seinem Recht?"

„Ich weiß nicht so genau. Ich bekomme es nicht zu fassen", antwortet sie. „Aber während Frank sprach, dachte ich an meinen früheren Beruf. Ich war einmal Krankenschwester. Ich habe aufgehört, weil mich der Beruf völlig fertiggemacht hat."

Hier achtet Anne auf einen Gedanken, der scheinbar völlig unverbunden aufgetaucht ist, denn solche Gedanken sind oft wichtige Hinweise auf unseren Genius.

„Was genau hat dich so belastet?" frage ich.

Anne sieht plötzlich zutiefst erschrocken aus. Ihr Gesicht verzieht sich. Sie beugt sich nach vorne, versteckt ihr Gesicht in den Händen. Ihre Schultern werden vom Weinen geschüttelt.

„Gerade hast du ihn gefunden, oder?" sage ich zu ihr.

Sie richtet sich wieder auf, und die Tränen laufen ihr noch immer über die Wangen.

„Ja", erwidert sie leise, „mein Genius heißt ‚Tief empfinden'. Ich bin immer die, die am meisten weint und lacht, die am tiefsten enttäuscht oder am wütendsten ist. Deshalb konnte ich nicht länger als Krankenschwester arbeiten. Ich glaube wirklich, daß ich die Schmerzen der Patienten ebenfalls gespürt habe. Es war mehr Schmerz, als ich aushalten konnte."

Im Raum ist es still, alle sehen Anne an, und ein Lächeln steigt zwischen den Tränen auf. Sie lehnt sich zurück, entspannt sich, atmet langsam aus.

Anne fängt an zu lachen. „Er war die ganze Zeit schon da, aber weil mein Genius mir als Krankenschwester so viel Schmerzen bereitet hat, habe ich ihn wohl von mir schieben wollen." Dann bricht es aus ihr heraus: „Ach je, hat das gut getan zu weinen!" Wir anderen lachen erlöst. Anne hat uns ihren Genius nicht nur beschrieben, sie hat uns gleichzeitig sein Wirken vorgeführt. Sie lacht schnell und weint schnell, weil sie tief empfindet.

Als sich das befreite Gelächter legt, frage ich in die Runde: „Und wer ist jetzt dran?"

Carmen: „Das Positive finden"

Auf Carmens Namensschildchen steht „Hoffnung wecken". Sie sagt: „Das ist nahe daran, aber es stimmt noch nicht ganz."

Die Gruppe hat sich gerade Geschichten von Zeiten erzählt, als alles gut lief und sie erfolgreich waren. Ich frage Carmen: „Welche Begriffe aus deinen Geschichten haben dich besonders angesprochen?"

Sie sieht auf ihren Notizblock und meint: „Als ich meine Geschichten erzählt habe, sprach ich davon zu führen, Möglichkeiten zu erkennen, Menschen bei ihrer Entwicklung zu helfen und Ideen zu haben, Beträge zu leisten und Chancen wahrzunehmen."

„Das sind alle sehr hoffnungsvolle Dinge", stellt Anne fest.

Carmen antwortet: „Ich denke, daß mein Genius wohl etwas mit Hoffnung zu tun hat, aber ich bin mir nicht sicher."

Anne bittet sie, das genauer zu erklären.

„Ich bemühe mich immer, das Positive in Menschen und Situationen zu sehen. Es frustriert mich, wenn mein Mann niedergeschlagen ist. Ich versuche, ihm die guten Seiten zu zeigen, damit er wieder Hoffnung schöpft und positiv denkt. Manchmal will er aber einfach nur aufgestaute Aggressionen herauslassen."

Carmen gibt uns Hinweise auf ihren Genius. Ihre Enttäuschung über ihren Mann ist ein Signal dafür, daß ihr Genius nicht zu seinem Recht kommt. Sie möchte, daß er Hoffnung schöpft; er will nur seinen Frust herauslassen.

Sie meint: „Hoffnung ist nicht der richtige Begriff. Ich will einfach überall das Positive sehen. Vielleicht ist ‚Das Positive sehen' mein Genius."

Ich fordere sie auf, sich jemanden in der Gruppe auszusuchen, ihm oder ihr in die Augen zu sehen und zu sagen: „Mein Genius heißt ‚Das Positive sehen'."

Das tut sie und sucht sich Anne aus. Wir beobachten ihre Reaktionen, während sie den Namen sagt. Sie scheint zu zweifeln und wirkt unsicher. Als sie den Satz gesagt hat, preßt sie die Lippen aufeinander und schüttelt den Kopf.

„Nein", sagt sie. „Das stimmt so noch nicht."

„Was stimmt daran nicht?" frage ich.

„Der Begriff sehen ist zu passiv", antwortet sie. „Ich tue mehr, als nur zu sehen. Manchmal ist das Positive ganz offensichtlich, liegt direkt vor mir. Aber manchmal muß ich es erst finden, weil es nicht ganz so offensichtlich ist."

„Dann ist es also ‚Das Positive finden'?" fragt Anne.

„Das ist es! Das ist es! ‚Das Positive finden'!" Carmen strahlt über das ganze Gesicht. Sie hüpft richtig ein bißchen auf ihrem Stuhl auf und ab.

Ich frage sie: „Würdest du dich noch einmal Anne zuwenden und sagen: Mein Genius heißt ‚Das Positive finden'?"

Carmen sieht noch einmal Anne an und sagt: „Mein Genius heißt ‚Das Positive finden'."

Sie sagt es ganz ruhig und überzeugt, und wir alle, auch Carmen, wissen, daß sie ihren Genius gefunden hat.

Frank: „Hinweise sammeln"

Stan, auf dessen Namensschild „Brücken bauen" steht, sagt zu Frank: „Du beeindruckst mich. Dir fällt alles auf. Du gibst den anderen oft einen wichtigen Hinweis. Zum Beispiel warst du es, der Anne gesagt hat, daß sie die Gefühle anderer Menschen wahrnimmt. Könnte das etwas mit deinem Genius zu tun haben?"

Frank ist überrascht, so, als ob er das gar nicht an sich kenne. Andere in der Runde nicken.

„Meine Frau sagt oft zu mir: Dir entgeht so schnell nichts", fällt ihm dann ein.

Und dann meint er eher beiläufig zu Marie, die neben ihm sitzt: „Mir fehlt da jeder Hinweis." Oft sind solche Randbemerkungen, die ich „Weggeworfenes" nenne, wichtige Hinweise auf den Genius eines Menschen. Ich frage mich, ob Franks Genius etwas mit Hinweisen zu tun haben könnte.

Marie fragt ihn: „Was für Hobbys hast du, Frank?" Wie es zu

ihrem Genius paßt, lädt sie ihn ein, andere Lösungsmöglichkeiten zu erforschen.

„Ich fotografiere gerne wilde Tiere", erzählt er. „Ich durchstreife gern den Wald nach Hinweisen – Spuren, Losung. Das Fotografieren ist eigentlich nicht so wichtig; es ist nur eine Art Beweis für mich, daß ich gefunden habe, was ich suche."

Ich habe so ein Gefühl: „Könnte dein Genius so etwas Ähnliches sein wie ‚Hinweise sammeln'?" frage ich. Frank sieht mich direkt an, und seine Augen werden weit. Ich merke, daß ich auf der richtigen Fährte bin, aber ich weiß auch, daß Frank seinen Genius selbst finden muß. Ich kann ihm meine Idee erklären, aber ich will ihn nicht davon überzeugen, daß sie zutrifft. Es ist unverzichtbar, daß die Teilnehmer solcher Gruppen ihre eigenen Schlüsse ziehen.

„Du streifst durch den Wald und sammelst Hinweise auf Tiere. Du warst besonders erfolgreich auf der Suche nach Hinweisen auf den Genius der anderen. Es kommt mir so vor, als wolltest du den anderen deine Hinweise zum Geschenk machen."

Mir ist klar, daß all diese Beobachtungen äußerliche Zeichen von Franks Genius sind, und frage deshalb: „Sammelst du auch nach Hinweisen über dich selbst?"

„Ununterbrochen!" stimmt er mir zu. „Ich lese jeden Psycho-Ratgeber. Ich mache immer jede einzelne Übung in den Büchern. Ich nehme an diesem Workshop teil, um etwas über mich zu erfahren."

Frank lächelt glücklich, und ich spüre, daß er den Namen für seinen Genius gefunden hat. Er nimmt sich ein Namensschildchen und schreibt „Hinweise sammeln" darauf.

Sam: „Wärme erzeugen"

Jetzt richte ich meine Aufmerksamkeit auf Sam, der ebenfalls um mehr Zeit gebeten hatte. Auf seinem Namensschildchen steht „Darüber sprechen". Er nimmt es ab.

„Ich weiß, daß dieser Name so nicht stimmt", erklärt er. „Er scheint zu stimmen, denn ich spreche ja schon wieder über etwas. Aber da liegt noch etwas darunter – eine weitere Zwiebelschale. Ich halte „Darüber sprechen" nicht für meinen Urvorgang, aber ich weiß nicht, was er ist."

Weil unser Genius etwas ist, das wir anderen schenken wollen, ist das, was andere von uns bekommen, oft ein wichtiger Hinweis.

Ich wende mich an die Gruppe: „Was schenkt Sam euch?"

Einer aus der Gruppe, Tim, antwortet sofort: „Wärme", sagt er. „Ja, stimmt" schallte es aus verschiedenen Richtungen.

„Na ja, deshalb rede ich ja so gerne mit Leuten", meint Sam. „Ich mag das warme Gefühl, das dabei zwischen uns entsteht. Manchmal ist es gar nicht so wichtig, worüber wir sprechen, so lange nur dieses Gefühl entsteht."

„Wie schaffst du noch warme Situationen?" frage ich.

„Nicht Wärme schaffen", antwortet er, „Wärme erzeugen, das stimmt eher." Ein breites Grinsen kommt auf Sams Gesicht, und wir genießen alle die Wärme, die er ausstrahlt.

Ich muß vorsichtig sein. Mein Genius heißt „Klarheit schaffen", deshalb kommt in meinen Ideen und Gefühlen über den Genius eines anderen oft das Wort „schaffen" vor.

Auf meine Frage, wie er noch Wärme erzeuge, erzählt Sam: „Ich mache gern Geschenke ohne einen Anlaß. Ich bekomme auch gerne Geschenke. Und ich rufe gern Freunde an, um einfach wieder einmal Hallo zu sagen. Ihr solltet einmal meine Telefonrechnung sehen."

Dann lacht er und fährt fort: „Es ist mir fast peinlich, aber in meinem

Haus habe ich eine Gasheizung, einen elektrischen Heizlüfter, einen Kamin und einen Ölradiator für Notfälle. Es scheint, als sei es mir sehr wichtig, Wärme zu erzeugen."

Sam nimmt sich ein neues Namensschild. Er schreibt „Wärme erzeugen" darauf.

Martin: „Einsichten finden"

Martin trägt das Namensschild „Probleme lösen". Er hatte nicht um mehr Zeit gebeten, um über seinen Genius zu sprechen. Aber jetzt sagt er: „Ich weiß, daß das so nicht stimmt."

Obwohl Probleme-Lösen durchaus jemandes Genius sein kann, habe ich den Eindruck, daß Martin die Zwiebel nicht weit genug geschält hat. Probleme zu lösen ist eher eine erlernt Fähigkeit als eine einmalige, natürliche Kraft.

Ich lade ihn ein, die Zwiebel weiter zu schälen. „Auf die eine oder andere Art sind wir alle Problemlöser", sage ich ihm. „Ich frage mich, was das Einmalige an deiner Art ist, Probleme zu lösen. Und ich frage mich auch, ob diese einmalige Kraft sich nicht auch in anderen Bereichen deines Lebens zeigt."

„Was tust du, wenn du Probleme löst?" fragt Frank.

Martin antwortet: „Ich lasse mich so weit es geht auf das Problem ein. Ich lese nach. Ich spreche mit möglichst vielen Menschen. Ich surfe im Internet. Ich mache mir viele, viele Notizen. Ich denke ununterbrochen über das Problem nach. Ich mache lange Spaziergänge, um nachzudenken. So ist es bei den großen Problemen, aber auch die kleinen Probleme machen mir Spaß – wie ich meinen Schrank aufräumen soll oder wo ich auf der Terrasse den Grill am besten hinstelle."

Das alles kommt mir sehr bekannt vor. Martins Genius scheint meinem eigenen ähnlich zu sein.

Dann sagt er: „Gerade ist mir etwas eingefallen! Die Probleme sind für mich ein Medium, wie Farben für einen Maler oder Worte für einen Schriftsteller."

„Malst oder schreibst du?" erkundige ich mich.

„Früher habe ich beides getan", meint er, „aber das ist eine Weile her."

„Was an der Malerei oder dem Schreiben hat dir Freude gemacht?"

„Am Anfang weiß man nichts", sagt er. „Als ich gemalt und geschrieben habe, habe ich immer mit der Idee angefangen, daß da etwas war, von dem ich noch nichts wußte, etwas, das ich verstehen wollte."

Marie fällt ein: „Könnte dein Genius so etwas wie ‚Einsichten finden' sein?"

„Ja", sagt Martin leise. Der Raum ist still, alle blicken auf ihn, er selbst sieht in die Ferne.

„Ja", sagt er noch einmal. „Das steht auch hinter der Freude am Lösen von Problemen. Und deshalb hat mir auch dieses Bemühen um einen Namen für meinen Genius so viel Spaß gemacht."

Anregungen für die gemeinsame Suche

Hoffentlich habe ich Ihnen, indem ich Ihnen von Anne, Frank, Carmen, Sam und Martin erzählt habe, Lust darauf gemacht, während Ihrer Suche nach Ihrem Genius mit anderen zu sprechen. Meist sind solche Unterhaltungen zweiseitig, und Sie helfen sich gegenseitig, den richtigen Namen zu finden. Hier sind zwölf Hinweise für diese Gespräche:

■ **Sie sind der einzige Experte**
Denken Sie vor allem daran, daß Sie der einzige Experte sind, wenn es um Ihren Genius geht. Nur Sie kennen Ihren Urvorgang, auch wenn Sie noch dabei sind, ihn zu erkennen. Geben Sie nie der Versuchung nach, einen anderen Menschen davon zu überzeugen, daß Sie den richtigen Namen seines Namens kennen. Falls Ihre Ahnung stimmt, wird der andere diesen Namen auch finden. Falls Sie sich täuschen, schicken Sie Ihr Gegenüber auf einen langen, mühsamen Holzweg. Und falls jemand versucht, Sie davon zu überzeugen, daß er oder sie den Namen für Ihren Genius kennt, aber Sie fühlen nicht ganz tief in sich, daß dieser Name stimmt, dann bitten Sie Ihr Gegenüber, Sie nicht länger überzeugen zu wollen.

■ **Beobachten und zuhören**
Zwei Möglichkeiten gibt es, wie andere Ihnen helfen können, Ihren Genius zu entdecken: Erstens, indem sie Ihnen sagen, was sie an Ihnen bemerken. Und zweitens, indem sie Ihnen genau zuhören. Ebenso können Sie sich gegenseitig am besten helfen, indem Sie sich von Ihren Beobachtungen erzählen, und indem Sie genau zuhören. Berichten Sie, ohne zu werten.

■ **Hören Sie zu, ohne zu urteilen**
Wählen Sie, wenn Sie mit jemandem über Ihren Genius sprechen wollen, einen guten Zuhörer aus, jemanden, der zuhört, ohne zu urteilen. Für Marie war es beispielsweise sehr wichtig, nicht als jemand eingeordnet zu werden, der alles ein bißchen, aber nichts richtig kann.

■ **Freunde oder Fremde, das ist egal**
Es ist nicht allzu wichtig, daß der andere Sie gut kennt. Menschen, die Sie gut kennen, können Ihnen wichtige Informationen geben. Aber

manchmal haben sie schon eine so feste Meinung über Sie, daß Sie sie nicht mehr in einem neuen Licht sehen können. Immer wieder versuchen Freunde auch, uns von ihrer Meinung über unseren Genius zu überzeugen, und verhindern, daß wir den ganzen Prozeß durchlaufen, der nötig ist, um unseren Genius zu entdecken. In Workshops zum Thema Genius kennen die Teilnehmenden sich selten, und doch können sie sich gegenseitig sehr oft hervorragend helfen, indem sie einfach aufeinander achten und urteilsfrei zuhören. Wenn Sie also jemanden aussuchen, der Sie gut kennt, achten Sie darauf, daß er diese beiden Fähigkeiten mitbringt.

■ **Achten Sie auf körperliche Reaktionen**
Denken Sie daran, auf die körperliche Reaktion zu achten, die anzeigt, daß jemand wirklich seinen Genius gefunden hat. Diese Reaktion kann ein Lächeln sein, Tränen, ein erschreckter oder überraschter Gesichtsausdruck. Selten geschieht etwas so Dramatisches wie bei Anne. Franks erkennendes Lächeln ist eher typisch. Und deshalb ist es wichtig, daß Menschen, die sich gegenseitig bei der Suche nach dem Genius helfen, sich dabei ansehen.

■ **Lösen Sie die Puzzles gemeinsam**
Erinnern Sie sich, daß ich die Suche nach dem Namen Ihres Genius mit einem schwierigen Puzzle verglichen habe? Wenn zwei Menschen sich zu helfen versuchen, ist das ein bißchen so, als würden sie bei der Lösung von zwei fünfhundertteiligen Puzzles gleichzeitig zusammenarbeiten. Arbeiten Sie immer an einem der beiden Puzzles. Wechseln Sie ab. Falls eines der beiden nicht voranzukommen scheint, wenden Sie sich für eine Weile dem anderen Puzzle zu. Wenn Sie nicht weiterkommen, hilft es oft, eine Pause zu machen.

■ **Denken Sie an die Voraussetzungen**
Erinnern Sie sich gegenseitig an die acht Grundannahmen der Namenssuche für Ihren Genius. Das erste Kapitel erläutert sie im Detail. Hier ist eine Zusammenfassung:

1. Sie haben einen Genius.
2. Sie haben nur *einen* Genius.
3. Ihr Genius begleitet Sie schon Ihr ganzes Leben.
4. Ihr Genius ist ein Geschenk, daß Sie sich selbst und anderen machen.
5. Ihr Genius ist ganz natürlich und spontan und eine Quelle Ihres Erfolges.
6. Ihr Genius ist eine positive Kraft.
7. Der Name Ihres Genius kann wörtlich oder metaphorisch sein, aber er sollte nur ein Verb und ein Substantiv enthalten. Das Verb sollte in der Verlaufsform sein, also auf -en enden.
8. Ihr Genius ist nicht, was Sie sich wünschen, sondern er ist, was er ist.

■ **Seien Sie aufmerksam für das, was sich vor Ihnen abspielt**
Seien Sie aufmerksam für das, was bei Ihrem Gegenüber passiert, während Sie oder er einen Namen zu finden versucht. Achten Sie auf Zeichen der Frustration, und fragen Sie: „Welcher Teil von dir kommt gerade nicht zu seinem Recht?" Achten Sie auch auf Anzeichen dafür, daß Ihr oder sein Genius selbst der Suche im Wege steht. Wenn jemand sagt: „Ich hab's!", dann aber an anderen Orten weitersucht, könnte Ihr oder sein Genius vielleicht mit dem Erwägen von Alternativen zu tun haben.

■ **Ihr Geschenk an Sie selbst**
Denken Sie daran, daß was Sie für andere Menschen tun, wie auch Ihr Beruf und Ihre Hobbys äußere Anzeichen Ihres Genius sind. Sie sind wichtige Hinweise. Aber fragen Sie immer, wie ich Frank gefragt habe: „Machst du auch dir selbst dieses Geschenk?" Marie macht sich zum Beispiel das Geschenk, andere Möglichkeiten zu erforschen, Frank sucht nach Hinweisen auf seine eigene Persönlichkeit, und Anne empfindet auch ihre eigenen Gefühle mit großer Intensität. Gerade deshalb können sie auch anderen dabei helfen, all das zu tun.

■ **Achten Sie darauf, was Sie von anderen bekommen**
Auch ein Weg, anderen bei der Namenssuche zu helfen, ist es, ihnen zu erzählen, welches Geschenk sie uns machen. Sam fand beispielsweise den Namen „Wärme erzeugen", weil Tim sagte, daß Sam ihm Wärme schenke. Sie können auch andere fragen: „Was bekommst du von mir?"

■ **Vertrauen Sie Ihrer Intuition**
Glauben Sie Ihrer Intuition. Während die Gruppe Anne zu helfen versuchte, drifteten Annes Gedanken zu ihrer Arbeit als Krankenschwester. Über diesen scheinbar abschweifenden Gedanken zu sprechen, half ihr, den Namen für ihren Genius zu entdecken. Lassen Sie keinen Gedanken unbeachtet vorbeischlüpfen.

Sagen Sie es auch anderen, wenn Sie „so ein Gefühl" über deren Genius haben. Aber Vorsicht: Beharren Sie nicht zu sehr auf Ihrer Ahnung, sonst stehen Sie vielleicht dem Suchvorgang der anderen im Wege.

■ **Genießen Sie die Suche!**

Hinweise für Gruppen

Alle in den vorhergehenden Kapiteln beschriebenen Suchmöglichkeiten lassen sich auch in einer Gruppe anwenden. Eine Gruppe kann vereinbaren, sich von einem Treffen zum nächsten auf eine bestimmte Methode zu konzentrieren, oder alle arbeiten in ihrem eigenen Tempo mit der Methode ihrer Wahl. Auch hier gilt: Wählen Sie zuerst die Methoden, die der Gruppe zusagen.

Geschichten erzählen

Die Methode des Geschichtenerzählens eignet sich besonders für die Gruppenarbeit. Ein Vorgehen in sechs Schritten bietet sich an:

1. Lesen Sie das fünfte Kapitel, damit Sie ein Gefühl dafür bekommen, worum es bei dieser Methode geht.

2. Arbeiten Sie jetzt paarweise zusammen. Der eine (der Erzähler) erzählt drei Geschichten von sich selbst. Die Geschichten handeln von Situationen in Ihrem Leben, in denen Sie
   – erfolgreich waren,
   – zufrieden mit sich waren,
   – alles einfach richtig gut lief.

Die Geschichten können aus jedem beliebigen Abschnitt Ihres Lebens kommen, und aus jedem Kontext – der Arbeit, der Familie, Unternehmungen mit Freunden und so weiter.

Sie haben die Erlaubnis, mit etwas Wunderbarem anzugeben, was Ihnen im Leben gelungen ist. Für diese Übung ist Angeben sogar unverzichtbar.

Denken Sie beim Geschichtenerzählen daran,
   – daß es um Ihre Handlungen geht – sprechen Sie hauptsäch-

lich von dem, was Sie getan haben, und weniger von der Situation an sich.
- oft das Wort „Ich" zu verwenden.

3. Der andere in Ihrer Zweiergruppe (der Zuhörer) macht sich auf einem durch einen senkrechten Strich unterteilten Blatt Papier Notizen über die Geschichten, die er hört. Ganz oben schreiben Sie links Verben (Handlungen) hin, rechts Objekte (worauf sich die Handlung bezieht).
Achten Sie beim Zuhören auf jedes Mal, wenn der Erzählende „Ich ..." sagt. Die Worte, die dann kommen, gehören auf die Liste. Wenn er zum Beispiel sagt: „Ich habe andere ermutigt teilzunehmen", kommt das Wort „ermutigt" in die linke Spalte. Das Wort „andere" gehört in die rechte Spalte. Nicht immer ist es ganz so deutlich, manchmal müssen Sie selbst entscheiden, was Sie aufschreiben.
Ein anderes Beispiele: Würde der Erzählende sagen: „Ich war stolz", dann schreiben Sie „stolz" in die linke Spalte, und lassen Sie die rechte Spalte frei.
Hier geht es darum, eine Liste von Worten zusammenzustellen, mit denen der Erzählende sich selbst beschreibt. Denken Sie nicht zu viel darüber nach, die Worte in die richtige Spalte einzuordnen. Wichtiger ist, daß Sie die Worte festhalten, indem Sie sie aufschreiben. Die Worte, auf die Sie achten, sind Hinweise auf den Genius des oder der anderen.

4. Wenn alle Geschichten erzählt sind, gibt der Zuhörer seine Notizen dem Erzähler. Besprechen Sie die Notizen, um Unklarheiten zu beseitigen. Sprechen Sie auch über Ahnungen oder Hinweise auf den Genius des Erzählers, die sich aus den Geschichten ergeben.

5. Tauschen Sie jetzt die Rollen. Jetzt wird der Erzähler zum Zuhörer und umgekehrt.

6. Haben beide Partner ihre Listen, dann gehen beide für sich jedes Wort auf ihrer Liste durch und unterstreichen oder markieren all die Worte, die ihnen angenehm sind. Denken Sie noch gar nicht darüber nach, warum Ihnen diese Worte gefallen. Lassen Sie sich von Ihrer Intuition leiten.

Diese Worte sind Teile Ihres Puzzles. Manchmal sind unter den Notizen Ihres Zuhörers die Worte, die Ihren Genius beschreiben. Häufiger ist es aber, daß diese Worte sich in Gruppen einteilen lassen oder sich Verbindungen zeigen, die Hinweise auf etwas Tieferliegendes (unseren Genius) geben. Sie werden die Zwiebel noch etwas weiter schälen müssen.

Suchen Sie nach dem gemeinsamen Nenner der Wörter auf Ihrer Liste.

Vergessen Sie nicht, alle Verben in der auf -en endenden Verlaufsform aufzuschreiben, die einen fortlaufenden Prozeß andeutet.

Geschenke von anderen

In einer Gruppe nach unserem Genius zu suchen, hat den großen Vorteil, daß andere uns Hinweise geben können, die zum richtigen Namen für unseren Genius führen. Bitten Sie die Teilnehmer Ihrer Gruppe, die drei untenstehenden Fragen zu beantworten. Bitten Sie sie, Sie mit freundlichen Augen zu betrachten, die aufmerksam, aber unkritisch sind, und nicht mit hartem kritischem Blick. In dieser Übung sind Sie aufgefordert, sich um Komplimente zu bemühen und sie auch zu machen. Kritik ist hier nicht willkommen.

An dir ist mir aufgefallen, daß _____.

Du schenkst mir _____.

Ich kann mich darauf verlassen, daß du _____.

Öffentlichkeit suchen

Eine Möglichkeit, Ihren Namen für Ihren Genius zu überprüfen, ist, ihn in der Gruppe laut auszusprechen. Sagen Sie in der Gruppe: „Mein Genius heißt _____." Wie fühlt es sich an, ihn laut zu sagen? Wenn Sie gar nichts fühlen, stimmt der Name vermutlich noch nicht. Zu erwarten wäre eine emotionale Reaktion. Manche reagieren mit Nervosität, oder sie scheuen sich, etwas so Persönliches über sich selbst öffentlich auszusprechen. Manche spüren einfach die Freude, etwas über sich erfahren zu haben. Und manche sind richtig stolz, anderen etwas Schönes über sich selbst mitteilen zu können.

Wenn Sie den anderen genau zuhören und zusehen, werden Sie schnell feststellen, wer den richtigen Namen für seinen Genius gefunden hat. Wenn jemand zum Beispiel den Namen seines Genius sagt und dabei den Kopf schüttelt, dann stimmt der Name oft noch nicht. Und wer den Namen sagt und dann abschätzig die Schultern zuckt, hat seinen Genius wohl auch nicht richtig benannt. Wenn die Person aber den Satz sagt und dann lächelt oder sich sehr freut, dann stimmt der Name wahrscheinlich.

Denken Sie daran, daß die Entscheidung, ob der Name für Ihren Genius oder den Genius eines anderen richtig ist, keine Vernunftentscheidung ist. Entscheidend ist, ob der Name sich wirklich richtig und passend anfühlt. Körperliche Reaktionen, wenn wir den Namen anderen sagen, sind ein wichtiger Hinweis.

Weggeworfenes

„Weggeworfenes" nenne ich das, was Menschen ganz spontan, scheinbar im Spaß oder ohne nachzudenken über sich selbst sagen. Oft sind solche Nebenbemerkungen Anzeichen dafür, daß man sich auf seiner Suche dem Genius nähert. Franks Bemerkung „Ich habe wirklich keinerlei Hinweis" deutete auf seinen Genius „Hinweise sammeln" hin.

Seien Sie auch bei anderen aufmerksam für solche Bemerkungen, Sie können dann fragen: „Hat das irgend etwas mit deinem Genius zu tun?" Oft ist das dann so, manchmal aber auch nicht.

Bitten Sie die anderen, auf Ihre Nebenbemerkungen zu achten, und achten Sie auch auf sich selbst.

Namensschildchen

Stecken Sie sich immer dann ein neues Namensschildchen an, wenn Sie glauben, einen neuen Namen für Ihren Genius gefunden zu haben. So lenken Sie Aufmerksamkeit auf Ihren Genius – Ihre Aufmerksamkeit und die von anderen. Außerdem können Sie so den neuen Namen – bildlich gesprochen – anprobieren, ihn eine Weile tragen und erspüren, ob er paßt, so wie Kleidungsstücke passen oder nicht passen.

Wechseln Sie Ihr Namensschildchen, sobald Ihnen eine neue Möglichkeit einfällt. Vielleicht bemerken Sie, wie Sie den neuen Namen ansehen und denken: „Ach, das stimmt so nicht." Falls ja, dann vertrauen Sie Ihrem spontanen Gefühl und suchen Sie weiter nach dem richtigen Namen.

Wenn Sie auf den richtigen Namen gestoßen sind, macht es Ihnen wahrscheinlich Freude, den Namen aufzuschreiben und sich das Schildchen anzustecken.

Gestik

Während eines Genius-Workshops machte ein Mann immer wieder die gleiche Geste, wenn er von seinem Genius sprach. Er ballte die rechte Hand und schlug damit in die Handfläche der linken. Die Geste fiel mir auf, und meinem Gefühl folgend fragte ich ihn, ob sie wohl etwas mit seinem Genius zu tun haben könnte. Er sagte, daß die Geste für seinen Wunsch stand, alles, was er hier über sich gelernt hatte, auf den Punkt zu bringen, indem er den Namen für seinen Genius fand. Er nannte ihn dann „Auf den Punkt bringen". Weisen Sie die anderen in der Gruppenarbeit auf solche sich wiederholenden Gesten hin.

Hinweise für die Gruppenarbeit

Sie sind der einzige Experte.
Hören Sie zu und beobachten Sie.
Hören Sie zu, ohne zu werten.
Freunde oder Fremde, das ist egal.
Achten Sie auf körperliche Reaktionen.
Legen Sie das Puzzle gemeinsam.
Denken Sie an die Voraussetzungen.
Der Name ist Ihr Geschenk an sich selbst.
Seien Sie aufmerksam für das, was andere Ihnen geben.
Vertrauen Sie auf Ihre Intuition.
Haben Sie Spaß bei der Suche!

8 SICH EINER AUFGABE HINGEBEN

„Menschlich sein heißt, auf etwas anderes als sich selbst bezogen zu sein."
Viktor Frankl

An der Straße, die auf dem Inselstaat Malta die Dörfer Siggiewi und Ghar Lapsi verbindet, liegt eine Ansammlung von Gebäuden, die Id-Dar tal-Provvidenza genannt werden, das Haus der Göttlichen Vorsehung. Der Gebäudekomplex ist ein Heim für geistig und körperlich behinderte Menschen, konzipiert und eingerichtet von einem Malteser Geistlichen, Monsignore Mikiel Azzopardi. Er ist einer der beeindruckendsten und unvergeßlichsten Menschen, die ich je getroffen habe. Hier ist seine Geschichte, die Geschichte von der Hingabe an eine Aufgabe.

In den frühen zwanziger Jahren studierte der junge Azzopardi Jura an der Universität von Malta, wechselte aber zur Theologie, als ihm klar wurde, daß er sich zu einem Leben als Priester berufen fühlte. In den späten zwanziger Jahren bekam er die Gelegenheit, am Gregorianischen Institut in Rom zu studieren. Er fühlte sich dadurch sehr geehrt, und er war glücklich darüber. Er träumte davon, nach dem Studienabschluß zu hohem Ansehen zu kommen und hoffte auf die entsprechenden Aufgaben. Er war überzeugt, daß ihm ein Leben voller Größe, Ehrungen und Aufopferung bestimmt war. So war es auch, wenn auch ganz anders, als er gedacht hatte.

Azzopardi wunderte sich und war tief enttäuscht, als er nach seiner Ausbildung in Rom nach Malta zurückgeschickt wurde, um dort als Gemeindepfarrer zu arbeiten.

Aber er hielt seine Träume wach und nahm sich vor, der beste Gemeindepfarrer zu werden, den die katholische Kirche je gehabt hatte. Er träumte immer noch von prestigeträchtigen Aufgaben.

Die Jahre vergingen. Er gab Religionsunterricht an einem Gymnasium und leitete Wochenendseminare für Jugendliche. Im zweiten Weltkrieg arbeitete er als Militärgeistlicher. Er leitete ein Komitee, das ein Zentrum der katholischen Kirche auf Malta schaffen wollte. Er arbeitete in leitender Stellung bei der Katholischen Aktion Malta. Er reiste durch die Gegend, um die Alten und Kranken zu besuchen. Im Radio moderierte er einmal wöchentlich eine Sendung für alle, die nicht zur Messe gehen konnten und eine andere, in der er das sonntägliche Evangelium erläuterte.

Und er machte Entdeckungen, die ihn überraschten und beunruhigten.

Azzopardi begegnete immer wieder körperlich und geistig behinderten Kindern, die von ihren Familien versteckt wurden. Von der Existenz mancher dieser Kinder wußten nicht einmal die Nachbarn, andere waren den ganzen Tag eingesperrt, während ihre Familie auf dem Feld oder anderswo arbeitete. Diese Kinder berührten ihn zutiefst, und genauso tief rührten ihn die Familien, die sie versteckten, weil sie sich so schrecklich schämten.

Er begann, ein Heim für solche behinderten Kinder zu planen, die oft aus sehr armen Familien stammten. Dort sollten die Kinder versorgt und die Familien beraten und unterstützt werden.

Am 12. September 1965 sprach er während der Rundfunksendung *Die Stunde der Kranken* von seiner Idee. Als er nach Hause zurückkam, stand eine junge Frau vor seiner Haustür, die einen Umschlag in den Händen hielt. Sie hatte über vier Stunden auf ihn gewartet.

Er ging auf sie zu, und sie erzählte ihm, daß sie seinen Spendenaufruf für ein Heim für behinderte Kinder im Radio gehört hatte.

Mit ausgestreckter Hand hielt sie ihm den Briefumschlag mit der Erklärung hin, daß darin das Geld war, das sie für eine Urlaubsreise gespart hatte. Jetzt gab sie das Geld ihm und sagte: „Als Anfang für Ihr Kinderheim."

Azzopardi beschrieb später diesen Augenblick als Wendepunkt in seinem Leben. Er sagte: „Ich wußte in dem Moment, in dem ich den Umschlag nahm, daß mein Leben niemals so werden würde, wie ich es geplant hatte, und auch nie wieder so sein würde, wie bisher." Bis zu diesem Augenblick hatte er an das Heim nie als seines gedacht.

Er zögerte einen Moment, ob er sich diesem Vorhaben ganz hingeben wollte, dann nahm er den Umschlag. Er enthielt hundert Maltesische Pfund, etwas mehr als fünfhundert Mark. Seit dreißig Jahren hatte er als Pfarrer in einer Gemeinde gearbeitet. Er war fünfundfünfzig Jahre alt.

Heute besteht Id-Dar tal-Provvidenza aus drei großen Häusern, jedes für eine andere Altersgruppe der körperlich und geistig behinderten Kinder. Die Einrichtung gilt als eine der besten ihrer Art in Europa. Azzopardi beschreibt das Heim mit offensichtlichem Stolz:

„Wunderschöne luftige Räume, Spielplätze, Kapellen, Gärten, Werkstätten und Klassenzimmer, Küchen, Speisesäle, Waschküchen, ein gut ausgestatteter Krankengymnastikraum und eine große, schöne Turnhalle; eine Abteilung für Beschäftigungstherapie mit angeschlossener Töpferei; ein weitläufiger Begegnungsraum für die Arbeitstreffen der Beschäftigten, für Elterntreffen oder Veranstaltungen für Freunde und Gönner, für Filmvorführungen, Theater- und Musiktherapie und alles andere, was diese geliebten ‚Engel' froh und glücklich macht."

1987 starb Azzopardi, nachdem er die letzten zweiundzwanzig Jahre seines Lebens denjenigen gewidmet hatte, die er zärtlich seine „Engel" nannte, den körperlich und geistig behinderten Einwohnern von Id-Dar tal-Provvidenza. Viele Malteser halten ihn für einen Heiligen. Kurz nach Azzopardis Tod schrieb sein guter Freund Lewis Portelli über ihn: „Vielleicht sein größter Erfolg – eine wahrhaft herkulinische Leistung – war es, daß es ihm gelang, die Eltern und Verwandten zu überzeugen, die Behinderten aus den ‚Verstecken hervorzuholen', in denen man sie vorher ‚verwahrt' hatte. Er war es, der alle davon überzeugen konnte, daß ein krankes oder behindertes Familienmitglied keine Schande ist."

Der Genius von Monsignore Azzopardi

Ich habe Azzopardi nur einmal kurz getroffen und weiß nicht, wie er seinen Genius beschrieben hätte. Lewis Portelli hat geschrieben, daß Azzopardi immer „nach vorne und darüber hinaus sah". Er war ein Visionär, der über das, was war, hinaus auf das sah, was möglich war. Und er sah durch die rauhe Oberfläche des Lebens hindurch auf die Schönheiten und Wunder. Er sah jenseits der Behinderungen der Kinder, daß sie „Engel" waren. Er sah über die Scham der Familien hinaus und fand Menschen in Not. Er sah hinter dem, was Id-Dar tal-Provvidenza früher gewesen ist, das, was es werden könnte. Die ersten Bewohner waren Kinder. Aus Kindern wurden Jugendliche, die eine andere Umgebung brauchten. Jugendliche wuchsen zu Erwachsenen heran. Er sah das alles, und heute besteht Id-Dar tal-Provvidenza aus drei großen Häusern: eines für Kinder, eines für Jugendliche und eines für Erwachsene. Während seines Studiums in Rom blickte er nach einer neuen Aufgabe aus. Und als er in eine Gemeinde auf Malta geschickt wurde, blickte er auch über diese Aufgabe hinaus.

Hieß Azzopardis Genius „Darüber hinaussehen"? Mir kommt es so vor. Oder es war etwas Ähnliches, vielleicht hätte er andere Worte benutzt.

Aber das ist Spekulation. Ich erzähle Azzopardis Geschichte nicht so sehr als die Geschichte eines Genius, sondern weil sie uns helfen kann, die Begriffe des Engagements und der Aufgabe besser zu verstehen.

Engagement, Aufgabe und Unterstützung

Im ersten Kapitel wurden vier Grundprinzipien für ein sinnvoll gelebtes Leben genannt:

1. Wir haben einen Genius, der unser ganz besonderes Geschenk an die Welt ist, vor allem an die Menschen um uns herum.
2. Wenn wir unserem Genius folgen, wird unser Leben sinnvoller.
3. Unser Leben wird sinnvoller, wenn wir uns einer bestimmten Aufgabe hingeben.
4. Es gelingt besser, unserem Genius zu folgen und uns einer bestimmten Aufgabe zu verschreiben, wenn wir für eine unterstützende Umgebung sorgen.

In den vorhergehenden Kapiteln fanden Sie Übungen und Informationen, mit denen Sie Ihren Genius entdecken und benennen können. Ihr Genius ist eine Art Energie, die Energie Ihrer Seele, die Energie, die Ihr einzigartiges Geschenk an die Welt sind, die Energie, die Sie im Innersten ausmacht. Diese Energie ist für eine Aufgabe bestimmt, die Sie nur durch Ihr Engagement erfüllen können. Wofür Sie sich engagieren, ist Ausdruck Ihrer Aufgabe im Leben.

Viktor Frankl formulierte das so: „Jeder Mensch hat seine eigene Berufung, im Leben etwas zu tun, was getan werden muß. Bei der Erfüllung dieser Aufgabe kann er weder ersetzt werden, noch kann sein Leben wiederholt werden. Und so ist die Aufgabe eines jeden ganz einmalig, ebenso einmalig, wie seine Möglichkeit, sie zu erfüllen."

Das folgende Diagramm stellt die Beziehung zwischen Genius, Engagement und Aufgabe dar. Wir alle sind von einer Galaxie sternengleicher Figuren umgeben, die Aspekte unserer Persönlichkeit und unserer Lebensbedingungen darstellen, die unseren Genius und unser Engagement nähren und uns in der Erfüllung unserer Aufgabe unterstützen.

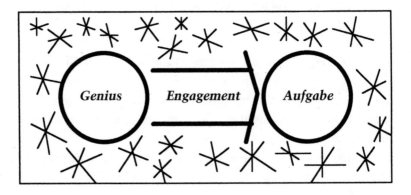

Im Rest dieses Kapitels und in den folgenden werden Sie betrachten, welche Rolle Engagement in Ihrem Leben spielt, Sie werden Hinweise auf Ihre Aufgabe sammeln, und Sie werden erfahren, wie Sie sich selbst besser unterstützen und unterstützende Lebensbedingungen für sich finden können.

Ebenen des Engagements

Hingeben kann man sich einer Sache oder einem Menschen. Es gibt vier Wege, sich etwas hinzugeben. Eine Form ist die, sich nur deshalb einer Sache zu widmen, weil man sich etwas anderes davon erhofft.

Das ließe vielleicht als politisches Engagement bezeichnen und ist die oberflächlichste Form des Engagements. Politischem Engagement begegnen wir täglich, wenn Politiker Dinge versprechen, nur um gewählt zu werden, die sie aber kaum oder gar nicht zu halten gedenken oder gar nicht halten können. Jeder kennt da zahllose Beispiele. Diese Art, sich einer Sache hinzugeben, ist kurzlebig und oft zynisch oder manipulativ.

Aber nicht nur Politiker geben Versprechen. Wir alle tun das. Angestellte übernehmen manche Aufgaben, die sie eigentlich lieber nicht erfüllen würden, nur, weil sich daraus eine Aufgabe ergeben könnte, die sie entschädigt. Einmal traf ich zum Beispiel einen Mann, der für einen großen Nahrungsmittelkonzern als Produktionsmanager arbeitete. Seine Zuständigkeit war die Herstellung von Knabberstangen. Er erzählte mir, wie unangenehm ihm diese Aufgabe war, weil Knabberstangen keinerlei Nährwert haben. Seine Kinder durften das Zeug nicht anrühren. Und trotzdem wollte er als Produktionsmanager gute Arbeit leisten, weil er sicher war, daß seine nächste Aufgabe besser sein würde.

Ehen können eine Art politisches Engagement sein. Beispielsweise dann, wenn ein Ehepartner die Ehe nur eingegangen ist, weil er oder sie sich Kinder wünscht. Dieser Mensch hat ein ganz anderes Ziel vor Augen, das zu erreichen die Ehe ihm helfen soll.

Diese Art von Entscheidung fällte Azzopardi, als er nach seinen Studien in Rom nach Malta zurückkehrte. Er kam nicht nur zurück, um seiner Gemeinde zu dienen, sondern wollte mit seiner Arbeit und seinem Engagement seine Vorgesetzten so sehr beeindrucken, daß sie ihm eine prestigeträchtigere Aufgabe zuweisen mußten. Wie lange sein Engagement auf dieser Ebene blieb, wissen wir nicht.

Folgende zwei Ebenen des Engagements befinden sich auf einer höheren Ebene. Eine ist intellektuell begründet, wenn wir uns einer Sache hingeben, weil wir die Idee für gut halten. Wir alle haben viele gute Ideen, die wir aber nie weiter verfolgen. Und wir haben Ideen, die wir weiterentwickeln, die uns aber nach einer Weile nicht mehr interessieren. Eine neue Idee taucht auf, und wir vergessen die letzte.

Azzopardi war zum Beispiel überzeugt, daß die Idee eines Heims für geistig und körperlich Behinderte eine gute Idee sei, und indem er sie in seiner Rundfunksendung beschrieb, verfolgte er die Idee weiter. Dies setzte andere Kräfte frei, Kräfte, die schon bald die Tiefe seines Engagements testen sollten. Aber zuerst sah er das Heim nicht als seine Aufgabe, sondern nur als eine gute Idee. Er war überzeugt, jemand sollte so ein Heim einrichten. Aber er hatte nicht vor, sein ganzes weiteres Leben dieser guten Idee zu widmen.

Auch das emotionale Engagement steht auf einer höheren Ebene. Wenn Sie gefühlsmäßig involviert sind, spüren Sie das tief in sich. Es entstehen dann Gefühle wie Wut, Angst oder Liebe. So wie ein intellektuell begründetes Engagement meist nur so lange lebt, wie uns die Idee verlockend erscheint, so dauert emotionales Engagement nur so lange, wie das Gefühl lebendig ist.

Politisches, intellektuelles und emotionales Engagement sind alle drei begrenzt. Politisches Engagement dauert nur so lang, bis der eigentliche Preis der Bemühungen gewonnen ist, dann nimmt es ab oder verlöscht ganz. Intellektuelles Engagement lebt nur so lange wie die zugrunde liegende Idee uns fesselt – und wir haben viele spannende Ideen –, zumindest finden wir selbst sie spannend. Emotionales Engagement lebt so lange, wie das zugehörige Gefühl, oder bis wir durch unser Handeln das Gefühl zum Schweigen gebracht haben.

Oft reichen diese Ebenen des Engagements völlig aus, um uns auf einen Weg zu lenken, den es sich zu gehen lohnt. Azzopardi konzipierte die Idee für Id-Dar tal-Provvidenza aus Mitleid mit den Kindern, die von ihren Familien versteckt gehalten wurden, und vielleicht aus Wut darüber, daß so eine Situation überhaupt bestand. Viele wertvolle Organisationen verdanken ihre Gründung unseren Gefühlen: Mütter gegen Alkohol am Steuer, eine amerikanische Organisation, ist aus Trauer, vielleicht auch aus Zorn, um die durch alkoholisierten Fahrer ums Leben gekommenen Kinder gegründet worden. Viele nützliche Produkte und Projekte sind aus einer guten Idee oder einem starken Gefühl entstanden.

An und für sich sind aber weder politisches, noch intellektuelles oder emotionales Engagement eine hinreichende Basis für die Art von tief empfundener Aufgaben, die länger dauern und mit Mühe und Qual verbunden sind. Sie überstehen den Widerstand nicht, den die Welt guten Ideen oder starken Gefühlen so oft entgegensetzt.

Wie Azzopardi warten wir auf den Ruf, der uns auf eine andere Ebene des Engagements hebt.

Die höchste Ebene des Engagements ist eine spirituelle. Wer sich mit der Seele einer Sache hingibt, tut das, weil er oder sie einen Ruf von dem empfängt, an den oder das er glaubt – aus dem Universum, einer ganz eigenen Gottesvorstellung –, einer Quelle, die über uns steht. Spirituelles Engagement kann auch aus der Empfindung entstehen, daß wir so anderen nützen und helfen können – der Gemeinschaft, unserer Familie, Menschen in Not, der Erde –, etwas, das größer ist als wir.

Es ist ein großer Schritt von dem Gedanken „Das sollte getan werden, weil es eine gute Idee ist (oder weil ich emotional sehr involviert bin)" zu dem Entschluß „Dieser Sache widme ich mein ganzes Leben". Der Schritt ist der von politischem, intellektuellem oder emotionalem Engagement zu einem spirituellen Engagement.

Wie Sie Ihr Engagement überprüfen können

Ihr politisches Engagement
Wann haben Sie sich in Ihrem Leben aus politischen Gründen für etwas engagiert? Hierzu zählt jedes Engagement, das wir nicht um seiner selbst willen eingehen, sondern wegen einer dafür erhofften späteren Belohnung. Wo sind Sie heute aus politischen Gründen engagiert?

Ihr intellektuelles Engagement
Wann haben Sie sich in Ihrem Leben intellektuell motiviert für etwas engagiert? Hierzu zählt jedes Engagement für eine Sache, die wir für eine gute Idee halten. Welche Ergebnisse haben Sie erzielt? Sind Sie jetzt im Moment aus Verstandesgründen für etwas engagiert?

Ihr spirituelles Engagement
Welches spirituelle Engagement ruft Sie? Das ist die Art von Engagement, die uns unbedingt wichtig erscheint. Hier geht es um eine Aufgabe, die über uns hinausreicht.

Ihr Briefumschlag
Hat Ihnen schon einmal wie Azzopardi jemand einen Briefumschlag gegeben? Was haben Sie getan? Wird Ihnen gerade jetzt ein Umschlag hingehalten?

Vier Grundprinzipien

1. Wir haben einen Genius, der unser ganz besonderes Geschenk an die Welt ist, vor allem an die Menschen um uns herum.
2. Wenn wir unserem Genius folgen, wird unser Leben sinnvoller.
3. Unser Leben wird sinnvoller, wenn wir uns einer bestimmten Aufgabe hingeben.
4. Es gelingt besser, unserem Genius zu folgen und uns einer bestimmten Aufgabe zu verschreiben, wenn wir für eine unterstützende Umgebung sorgen.

9 UNSERE AUFGABE FINDEN

Meine Aufgabe sind die Nebensächlichkeiten.
Emily Dickinson

Ihre Aufgabe ist der ganz besondere Ausdruck Ihres individuellen Genius, den die Welt von Ihnen erwartet. Ihre Aufgabe ist der ganz irdische Grund, warum Sie einen Genius haben, sie ist der Grund, warum Sie zu dieser Zeit auf diesem Planeten leben. Ihre Aufgabe ist das Spielfeld, auf dem Ihr Genius am Lebensspiel teilnehmen soll. Persönliche Erfüllung läßt sich leichter erreichen, wenn wir unseren Genius in den Dienst unserer Aufgabe stellen. Belohnungen wie Reichtum und Ruhm sind sekundär. Wenn Sie Ihre Aufgabe nicht beachten, werden Sie immer das Gefühl haben, daß etwas in Ihrem Leben fehlt.

Obwohl Ihr Genius nicht vor allem darauf ausgerichtet ist, anderen zu helfen, besteht Ihre Aufgabe doch aus dem ganz besonderen Dienst, den Sie leisten können – einem anderen Menschen, Ihrer Gemeinde, Ihren Kunden, Ihrem Land, Ihrem Volk, Ihrer Firma oder der Erde. Ihre Aufgabe ist auf die Frage zu antworten: „Was erwartet das Leben von mir?"

Tom, der seinen Genius „Juwelen finden" nennt, besitzt und leitet eine Firma, die Häuser und Wohnung kauft und vermietet. Er sieht seine Aufgabe darin, „hochwertigen Wohnraum zu einem vernünftigen Preis" zur Verfügung zu stellen. Seine Juwelen findet er sowohl unter den attraktiven Immobilien zu einem fairen Preis, als auch unter den Menschen, die sie von ihm mieten. Aber nicht nur, wenn er Menschen und Häuser zusammenbringt, findet er Juwelen. Es macht ihm Spaß, durch die Felder und den Wald zu wandern, und irgendwelche schöne Dinge suchen. Unser Genius läßt sich auf die verschiedensten Dinge anwenden.

Ihre Aufgabe ließe sich auch als Ihr Genius in Aktion verstehen, wenn wir den Begriff „Aktion" als so etwas wie Ruf oder Berufung sehen.

Marie, deren Genius „Wege erforschen" heißt, arbeitet neben ihren anderen kreativen Unternehmungen, in einem Reisebüro. Ihr Reisebüro setzt seinen Stolz daran, für seine Kunden lohnende und einmalige Reiseabenteuer und Unternehmungen aufzuspüren. Marie liebt es, mit ihren Kunden zusammen mögliche Wege zu erforschen. „Was ist die beste Möglichkeit für diese Leute?" fragt sie sich, während sie versucht, den Kunden bei ihrer Entscheidung zu helfen. Sie empfindet es als ihre Aufgabe, „sowohl Abenteuer als auch Frieden zu vermitteln". Sie ist auf Kreuzfahrten spezialisiert.

Ich sehe es als meine Aufgabe, „Einzelpersonen, Gruppen und Organisationen bei ihrer persönlichen Entwicklung zu begleiten", und diese Formulierung steht auch als Leitsatz auf meinem Geschäfts-Briefpapier. Als Berater, Teambetreuer, Firmenberater und Buchautor besteht meine Arbeit darin, Klienten und Lesern Klarheit darüber zu vermitteln, wer sie sind, über ihre gegenwärtige Situation, ihre Möglichkeiten, sich zu verändern, und über die Details eines solchen Veränderungsprozesses.

Eine uralte Idee

Die Vorstellung, daß jeder Mensch eine Lebensaufgabe hat, existiert seit ewigen Zeiten und findet sich in verschiedenen Formen in zahlreichen Kulturen. Sie ist lebendiger geblieben als die Idee des Genius.

In den letzten Jahren haben viele kluge Denker eine Schwemme von Material über die Lebensaufgabe des Menschen veröffentlicht – Bücher, Cassetten, Videos, Workshops und Fernsehsendungen.

Diese Denker verwenden unterschiedliche Terminologien, wenn sie von der Aufgabe sprechen. Deepak Chopra schlägt uns vor, uns zu fragen, wie wir der Menschheit am besten dienen können. Der Berufsberater Lawrence Boldt spricht von einer Mission. Er fragt uns: „Von welcher Mission soll Ihr Leben Zeugnis ablegen?" James Redfield, der Autor von *Der kleine Celestine-Führer zur zehnten Erkenntnis*, nennt es „die Aufgabe, die nur wir erfüllen können".

Der Psychotherapeut Thomas Moore spricht von einer Berufung, einem Ruf vom Ursprung von Bedeutung und Identität". Auch der Theologe Matthew Fox bezeichnet unsere Aufgabe als unsere Berufung, uns an der Arbeit der Welt zu beteiligen. Er schreibt auch von unserer Aufgabe als unserer kosmischen Rolle.

Sam Keen bezeichnet es als spirituelle Berufung: „Eine spirituelle Berufung besteht aus vier Elementen: aus einem Geschenk, einer großen Freude, einem Bedürfnis und aus Disziplin." Das Geschenk ist unser Genius.

Diejenigen, die sich um ein tieferes Verständnis der persönlichen Aufgabe bemühen, scheinen sich trotz unterschiedlicher Sprachen über einige Grundaspekte einig zu sein:

Wir können unsere Aufgabe nicht erfinden. Sie ist vielmehr etwas, was wir in den Ereignissen unseres Lebens finden und aufspüren. James Redfield formuliert: „Wir alle haben einen spirituellen Daseinssinn, eine Aufgabe, um die wir uns bereits bemühen, ohne uns dessen schon ganz bewußt zu sein. Und sobald wir uns diese Aufgabe wirklich bewußt machen, kann es wirklich losgehen mit unserem Leben." Und Stephen Covey schreibt: „Ich bin überzeugt, daß jeder von uns einen inneren Beobachter oder eine Wahrnehmung, ein Bewußtsein hat, die uns unsere eigene Einmaligkeit und den einzigartigen Beitrag bewußt machen, den wir leisten können." Daß sich in diesem

Punkt alle so einig sind, ist wichtig für uns. Denn es sagt uns, daß wir nicht versuchen sollten, ein Bild von dem zu schaffen, was wir für unsere Aufgabe halten. Vielmehr sollten wir uns bemühen, Informationen aus unserer Vergangenheit und aus gerade Erlebtem zu gewinnen. Unsere Aufgabe ist eine Berufung, und deshalb entdecken wir sie auch eher, indem wir zuhören, als indem wir sie erfinden.

Diese Aufgabe ist nach außen gerichtet. Sie kommt im Umgang mit Ihrer Umwelt zum Tragen, nicht, wenn Sie etwas für sich tun oder sich nur um sich selbst kümmern. Wenn Ihr Genius Ihr Geschenk an die Welt ist, dann ist Ihre Aufgabe so etwas wie die Begegnung, die geschieht, während das Geschenk überreicht wird. Ihre Aufgabe ist Ihre ganz eigene Art, nützlich zu sein. Viktor Frankl sagt: „Man sollte nicht nach einem abstrakten Sinn des Lebens suchen. Jeder von uns hat eine eigene Berufung oder eine Aufgabe, die es zu erfüllen gilt. Darin kann niemand ersetzt werden, und kein Leben kann zweimal gelebt werden. Und so ist die Aufgabe eines jeden so einmalig wie seine spezielle Gelegenheit, sie zu erfüllen." Man erfüllt seine Aufgabe nicht, weil sie an sich angenehm ist oder weil es sich im traditionellen Sinne lohnt, weil es uns Macht, Prestige, Ruhm, Glück oder Reichtum bringt. Man erfüllt sie, weil man sie erfüllen muß.

Wenn Sie sich über Ihre Aufgabe im klaren sind, können Sie sie besser erfüllen, und Ihr Leben wird erfüllter sein. Deepak Chopra sagt: „Entdecke das Göttliche in dir, finde dein einzigartiges Talent, diene der Menschheit damit, und du wirst allen Reichtum erlangen, den du dir ersehnst." Und Marianne Williamson schreibt: „Wir müssen tun, was uns ein tiefer psychologischer und emotionaler Imperativ zu tun heißt. Das ist unsere Kraftquelle, der Ursprung unserer Brillanz. Unsere Kraft läßt sich nicht mit dem Verstand oder dem Willen hervorrufen. Sie kommt uns göttlich zu, als ein Gnadenakt."

Eine Beschreibung der Aufgabe

Unsere Aufgabe ist das, was wir als Menschen tun müssen. Wirtschaftsunternehmen sprechen in ihren Broschüren heute oft von Aufgaben, die sie erfüllen, aber oft wird dies mit den Begriffen „Vision" und „Werte" verwechselt.

Eine Vision ist eine Beschreibung der Realität, die man zu schaffen hofft. Martin Luther Kings Traum von Rassengleichheit, Harmonie und Gerechtigkeit war eine Vision, eine andere war Churchills „Welt, die sicher ist für die Demokratie". Eine Bekannte von mir, eine junge Therapeutin, stellt sich „ein Land, das frei ist von Sucht" vor. Azzopardi hatte Id-Dar tal-Provvidenza als Vision. Meine liebste Beschreibung einer Vision stammt aus Marion Zimmer Bradleys Roman *Die Nebel von Avalon*. Bradley läßt Ritter Lancelot über den Heiligen Gral sagen: „Es war, als riefe mich eine mächtige Glocke von weit her, ein Licht ähnlich dem, das übers Moor huscht und sagt ‚komm' ... und ich weiß, daß die Wahrheit, die wirkliche Wahrheit dort ist, dort, gerade außerhalb meiner Reichweite, wenn ich ihr nur folgen kann und sie entdecken und den Schleier fortreißen kann, der sie verbirgt ... sie ist da, wenn ich sie nur erreichen kann ..."

Visionen haben so etwas Entrücktes und Ungreifbares an sich; sie bleiben immer unerreichbar, aber wir müssen uns trotzdem bemühen, sie zu erreichen.

Werte sind jene abstrakten Qualitäten, die wir wertschätzen, beispielsweise Kreativität, Sicherheit, Unabhängigkeit, Harmonie oder Ehrgeiz. Louis Raths hat einmal geschrieben, daß wir Werte, um sie in unserem Leben zu haben, wertschätzen, auswählen und nach ihnen handeln müssen. Unsere persönlichen Werte ändern sich mit der Zeit. Beispielsweise gewinnt Sicherheit für viele Menschen, wenn sie älter werden, eine Bedeutung, die sie in ihrer Jugend noch nicht hatte. Mandys Geschichte von ihrer fünf Jahre dauernden Suche nach dem richtigen Namen für ihren Genius, „Es funktionieren lassen", gibt uns einen Hinweis auf die Beziehung zwischen Genius und Werten. Sie sagt: „Ich hätte nie die Glühbirne erfunden. Es liegt mir nichts daran, technische Dinge zum Funktionieren zu bringen. ‚Es funktionieren lassen' hat für mich immer eine menschliche Komponente. Mir geht es darum, Harmonie zwischen den Menschen zu schaffen." Werte sind die treibende Kraft dahinter, daß wir uns für bestimmte Dinge engagieren.

Unsere Aufgabe, und um die geht es hier, hat eher etwas mit dem zu tun, was wir wirklich tun, ob es ein herkömmlicher Beruf ist oder ein ehrenamtliches Engagement, ob wir bezahlt werden oder nicht. Unsere Aufgabe ist der konkrete, alltägliche Ausdruck unseres Genius. Sie ist das, weshalb wir morgens aufstehen.

Broschüren von Wirtschaftsunternehmen beinhalten oft eine allgemeine Aussage über die Firma, die Vision, die Grundwerte und oft auch eine allgemeine Beschreibung der Geschäftsstrategie.

Persönliche Aufgabenbeschreibungen sind meist sehr kurz: ein einzelner Satz oder Ausdruck. Hier einige Beispiele: Alan, der eine Personalberatung leitet, sagt, seine Aufgabe ist es, „Firmen entstehen zu lassen, in denen nur Menschen arbeiten, die die für sie richtige Arbeit machen". Toni, die Menschen in schwierigen Übergangsphasen unterstützt, sagt, ihre Aufgabe ist es, „anderen bei der Benennung ihrer Wahrheit zu helfen und denen zu helfen, die sich nicht selbst helfen können". Warren, Ausbildungsleiter eines großen Unternehmens, sieht seine Aufgabe darin, „die Fähigkeiten seiner Klienten zugänglich zu machen". Maya, eine Krankengymnastin, hat eine einmalige, tiefe Verbindung zwischen ihrem Genius und ihrer Aufgabe. Sie nennt ihren Genius „Den Geist zurückgeben". Sie ist überzeugt, daß ihre Arbeit es Menschen möglich macht, ihre spirituelle Kraft wieder mit ihrem Körper zu verbinden. Sie sieht ihre Aufgabe darin, den

Geist zurückzugeben, und verbindet so den Namen für ihren Genius direkt mit der Beschreibung ihrer Aufgabe.

Zwei Dinge sind wichtig für Ihre Beschreibung Ihrer Aufgabe: Sie muß sich für Sie richtig anfühlen, so wie der Name Ihres Genius sich richtig angefühlt hat, und Sie müssen sie sich merken können.

Zehn Stellen, an denen wir Hinweise suchen können

Ihre Aufgabe muß gefunden, nicht erfunden werden. Denken Sie daran, daß es drei Arten der Detektivarbeit gibt: die intuitive Columbo-Methode, die logische Holmes-Methode und die erfahrungsgeleitete Millhone-Methode. Alle drei führen zum Erfolg, und ich schlagen Ihnen vor, Ihrem Intellekt, Ihrer Intuition und Ihrer Erfahrung zu vertrauen. Wie alle Detektive müssen Sie jedoch wissen, wo sie nach Hinweisen suchen sollen. An einigen Stellen lohnt es sich besonders, nach Hinweisen auf Ihre Aufgabe zu suchen. Und da ein Hinweis oft nicht ausreicht, um den Fall zu lösen, sollten Sie bei den gefundenen Hinweisen nach Mustern suchen, so, wie Sie bei den Hinweisen auf Ihren Genius nach Mustern gesucht haben. An diese Liste von lohnenden Suchstellen schließt sich eine Reihe von Fragen an, die Ihnen bei der Suche helfen sollen. Es könnte nützlich sein, Ihr Notizbuch bei der Hand zu haben, während Sie die Liste durchlesen. Notieren Sie alles, was Ihnen einfällt.

■ **Starke Gefühle**
Wut, Frustration, Angst, Liebe, Traurigkeit oder jede andere starke Emotion kann ein Hinweis auf Ihre Aufgabe sein.

Meist fühlen wir uns, als kämen die Emotionen ohne unser Zutun über uns. Das stimmt aber nicht; wir bringen sie hervor. Wir schaffen die Gefühle, die wir empfinden, aus unserer Geschichte, unseren Werten, Überzeugungen und Gedanken. Wir bringen sie als Reaktion auf etwas hervor, was in uns ist. Oft ist dieses Etwas unsere Aufgabe, unser ganz eigener Ruf. Azzopardi beispielsweise nahm den Umschlag, der ihm hingestreckt wurde, auch deshalb, weil er schon lange zutiefst angerührt war von der Situation der vernachlässigten behinderten Kinder und ihrer Familien.

Wenn wir uns nicht als Opfer der unvermeidbaren negativen Erlebnisse empfinden, durch die unsere starken Gefühle oft erst ausgelöst werden, und uns entschließen, etwas Positives aus ihnen zu machen, dann können wir durch diesen Trick hinter den Gefühlen Hinweise auf unsere Aufgabe entdecken.

■ Was andere an uns herantragen

Mit zweiundvierzig Jahren ließ Toni sich scheiden – nach zwanzig Jahren Ehe. Es war eine traumatische Erfahrung für sie. Sie erinnert sich: „Ich war vollkommen darauf programmiert zu heiraten und Kinder zu bekommen. Und ein nettes, katholisches Mädchen aus Baton Rouge läßt sich einfach nicht scheiden."

Toni fand Hilfe bei einer Beratungsstelle, die sich speziell um Menschen in schweren Übergangssituationen wie einer Trennung oder dem Tod eines geliebten Menschen befinden.

Was sie während ihrer Therapie lernte, ließ sie ihre Programmierung hinterfragen und ihre eigene Wahrheit suchen. Heute sagt sie: „Ich mußte erst einmal lernen, mir die einfachsten Fragen zu stellen. Welche Farbe mag ich eigentlich wirklich? Welche Musik höre ich wirklich gern?"

Nachdem sie durch diese schwere Phase der Veränderung hindurchgegangen war, fragten sie die Leiter der Beratungsstelle, die ihre Kraft, Fähigkeiten und Entschlossenheit erkannten, ob sie nicht als Betreuerin bei ihnen mitarbeiten wollte. Wie die Frau, die vor Azzopardis Haustür wartete, reichten sie Toni einen Briefumschlag.

Neun Jahre später leitet sie mit ziemlichem Erfolg eine eigene Beratungsstelle für Menschen in Übergangsphasen und veranstaltet Workshops. So erfüllt sie ihre Aufgabe: „Anderen bei der Benennung ihrer Wahrheit zu helfen, und die zu unterstützen, die sich nicht selbst helfen können."

■ Unerwartete Erlebnisse und Momente der Veränderung

Toni hatte im ersten Teil ihres Lebens nicht damit gerechnet, sich je scheiden zu lassen, und die Trennung war ein Punkt, an dem sich ihr ganzes Leben verändert hat.

Alan machte eine ähnliche Erfahrung. Er wurde entlassen. Nachdem er seine Arbeitsstelle verloren hatte, setzte sich Alan intensiv mit sich selbst auseinander, und beides zusammen veränderte sein ganzes Leben.

„Eigentlich", sagt er, „habe ich mich selbst gefeuert. Ich machte es meinem Arbeitgeber unmöglich, mich länger zu beschäftigen. Es war die falsche Arbeit für mich."

Während er sich mit sich selbst auseinandersetzte, dachte er über seine früheren Arbeitsstellen nach. Er sprach mit Experten darüber, was berufliche Arbeit eigentlich ist. Daraus entstanden ist die Firma für Personalberatung, die er heute leitet, und die Definition seiner Aufgabe: „Firmen entstehen zu lassen, in denen nur Menschen arbeiten, die die für sie richtige Arbeit machen."

Unerwartete Ereignisse werden nicht automatisch zu Wendepunkten. Azzopardi hätte den Umschlag auch zurückweisen können. Toni hätte das Angebot ablehnen können, als Beraterin mitzuarbeiten. Alan hätte sich als Opfer sehen, seinem Chef die ganze Schuld geben und sich einen neue Arbeitsstelle suchen können, die wieder nicht zu ihm gepaßt hätte.

■ Leiden

Viktor Frankls System der Logotherapie ist aus seinem Leiden im Konzentrationslager entstanden. Frankl war überzeugt, daß aus Leid neue Bedeutung für unser Leben entstehen kann, wenn es uns gelingt, unsere Einstellung dem Leiden gegenüber zu verändern. Er sagt: „Wir dürfen nie vergessen, daß wir auch dann einen Sinn in unserem Leben sehen können, wenn wir uns in einer hoffnungslosen Situation befinden, wenn wir einem Schicksal gegenüberstehen, das wir nicht verändern können. In einer solchen Situation kommt es darauf an, Zeugnis abzulegen von der Einmaligkeit und Größe des Menschen, der imstande ist, auch eine ausweglose Situation menschlich gesehen noch in eine Leistung zu verwandeln. Wenn wir eine Situation nicht mehr verändern können – denken Sie nur an unheilbare Krankheiten wie inoperable Karzinome –, dann ist es an uns, uns selbst zu verändern."

Ein Beispiel dafür ist Maya, die als Kind mißbraucht worden ist. Neben den schlimmen Erinnerungen weiß sie aber auch noch, daß sie damals tief in sich gespürt hat, daß das Leben mehr ist, als das Leid, das ihr zugefügt wurde. Dieses Wissen hat sie immer in sich getragen, auch in Augenblicken übergroßer Angst. Als medizinische Masseurin hilft sie den Menschen, den Körper in Kontakt mit der Seele zu bringen und Respekt vor der eigenen Körperlichkeit zu entwickeln.

Es scheint, als lege unsere Gesellschaft uns nahe, unserem Leid gegenüber eine Opferrolle einzunehmen. Maya hat das viele Jahre lang getan. Erst nach einer intensiven Auseinandersetzung mit sich selbst, mit therapeutischer Hilfe und mit der Unterstützung einer Selbsthilfegruppe konnte sie ihre Einstellung zu dem in ihrer Kindheit erfahrenen Leid verändern.

Sie sagt: „Den Mut zu haben, all das zu überwinden, und zu wissen, daß mein Leben mehr ist, als was oberflächlich mit mir passiert ist, sind die beiden Aspekte, aus denen sich meine Aufgabe entwickelt hat."

Wie schon bei den negativen Gefühlen geht es auch bei der Entdeckung unserer Aufgabe aus dem Leid darum, uns so wenig wie möglich als Opfer zu sehen und vielmehr kreative Handlungsmöglichkeiten zu entwickeln.

- **Flußufer**

Nachdem Alan arbeitslos geworden war, fing er an, jeden Tag am Ufer eines nahegelegenen Flusses entlangzugehen. Er tat das fast sechs Monate lang.

Er erklärt: „Um meine Aufgabe zu finden, mußte ich ruhig werden, um die leisen Stimmen in mir zu hören, die wußten, was ich als nächstes zu tun hatte. Am Flußufer entlangzugehen und Steinchen ins Wasser zu werfen, war meine Art zu meditieren."

Obwohl Sie Ihre Aufgabe unter den vielen Botschaften um Sie herum entdecken werden, ist eine Form der Meditation – ein inneres Ruhigwerden – oft hilfreich. Azzopardis Aufgabe wurde ihm entgegengestreckt. Für die meisten von uns fällt unser Ruf allerdings nicht so deutlich und dramatisch aus. Wir müssen sowohl auf den Ruf von außen als auch auf die kleinen Stimmen in uns achten. Mir kommt es so vor, als hätte Azzopardi in dem Moment des Zögerns auf diese kleinen Stimmen gehorcht.

- **Familiengeschichte**

Es ist schon einige Jahre her, da führten meine Schwester und ich unsere siebzigjährige Mutter am Muttertag zum Essen aus. Während der Mahlzeit fragte Mutter mich ganz unvermittelt: „Malst du eigentlich noch?"

Ich hatte seit fast fünfundzwanzig Jahren nicht mehr gemalt und wunderte mich, daß sie daran überhaupt dachte.

„Ich habe immer gehofft, du würdest in die Fußstapfen deines Großvaters und Onkels treten", meinte sie traurig.

Mein Großvater hatte als pensionierter Postbeamter angefangen, sehr lebendige Ölbilder zu malen – Segelschiffe, Hafenszenen und Westernszenen, inspiriert von Wildwestromanen. Mein Onkel, nach dem ich benannt bin, war Graphiker. Zwischen Oberschule und Universität habe ich vier Jahre bei meinem Onkel als Lehrling gearbeitet und an der Abendschule Werbedesign studiert.

In diesen Jahren wurde mir klar, daß ich an Menschen mehr Interesse hatte, als an Farben. Ich gab meine Lehrstelle auf und fing an, Psychologie zu studieren. Meine Malutensilien packte ich so ziemlich für immer weg.

Oberflächlich mag es so scheinen, als hätte sich die Hoffnung meiner Mutter, einen Maler zum Sohn zu haben, nicht erfüllt. Und doch findet sich da ein Hinweis auf meine Aufgabe. Während ich mein erstes Buch, *Artful Work*, schrieb, griff ich oft auf meine künstlerische Ausbildung zurück. In dem Buch verbinden sich meine Erfahrungen als Künstler und als Firmenberater, indem ich versuche, in jeder Arbeit ein integriertes künstlerisches Schaffen zu sehen.

Aus meiner Erfahrung als Künstler heraus war ich in der Lage, anderen bei der Suche nach künstlerischen Aspekten ihrer eigenen Arbeit zu helfen.

Ähnlich ist es, wenn Maya den Mißbrauch in ihrer Kindheit als Quelle ihrer Aufgabe sieht. Und Tom wurde Immobilienmakler und liebt seinen Beruf, weil er als Jugendlicher für seinen Vater gearbeitet hatte, der ebenfalls Immobilienmakler gewesen war. Dort entdeckte Tom seine Berufung.

In *Der kleine Celestine-Führer zur zehnten Erkenntnis* beschreibt James Redfield einen anderen Weg, in unserer Familiengeschichte nach Hinweisen auf unsere Aufgabe zu suchen. Er schreibt, daß unsere Aufgabe ein geistiger Weg ist, auf dem wir eine Wahrheit entdecken, die in sich das vereint, woran unsere Eltern geglaubt haben. Redfields Hauptfigur sucht nach einem Heiligen Text. Auf der

Suche trifft er einen Mönch, Bruder Carl, der ihm folgendes erzählt: „Wir sind nicht nur körperlich das Werk unserer Eltern, sondern auch geistig. Du bist das Kind dieser beiden Menschen, und ihre Leben haben einen unauslöschlichen Einfluß darauf, wer du bist. Um unser eigentliches Selbst zu entdecken, mußt du erkennen, daß dieses Ich irgendwo zwischen ihren beiden Wahrheiten angefangen hat. Deshalb wurdest du dort geboren; um das, wofür sie standen, von einer höheren Warte zu betrachten."

Redfields Protagonist erkennt, daß seines Vaters Leben sich darum gedreht hatte, die eigene Lebendigkeit zu steigern, das Leben seiner Mutter aber aus Selbstaufopferung und Dienen bestanden hatte. Für ihn stellte sich die Frage, so zu leben, daß er beide Aspekte in seinem Leben verbinden konnte. Bruder Carl fordert ihn auf, sich sein Leben seit der Geburt vor Augen zu führen. Er sagt: „Stelle dir dein Leben als eine Geschichte vor, von der Geburt bis heute, dann wirst du entdecken, daß du schon die ganze Zeit an dieser Frage gearbeitet hast."

■ **Wiederkehrende Ideen**
Toni hatte einmal an einem Exerzitienwochenende in einem Kloster teilgenommen. Als sie Freunden und Freundinnen von dieser Erfahrung erzählte, äußerten viele von ihnen den Wunsch nach einer ähnlichen Erfahrung, allerdings ohne religiösen Hintergrund. Außerdem interessiert Toni sich für alternative Wohnmöglichkeiten für ältere Menschen.

Die Idee, die immer wieder in ihr auftaucht, ist die eines weltumspannenden Netzes von Gruppenwohnzentren für Ältere, die auch Rückzugsmöglichkeiten für andere Menschen bieten könnten. Die älteren Menschen würden diese Zentren selbst verwalten und die anfallenden Arbeiten übernehmen.

Diese Idee kommt immer wieder in ihr hoch, ausgelöst durch

die verschiedensten Dinge. Einmal ist es ein Veranstaltungskalender, in dem Themenwochenenden angeboten werden, ein anderes Mal ist es der Besuch bei einer alten Tante, die allein lebt. Dieses Wiederkehren ist Toni schon lange aufgefallen, und jetzt ist sie überzeugt, etwas aus ihrer Idee machen zu müssen.

Alan denkt schon viele Jahre darüber nach, einen Ratgeber für Gruppenleiter zu schreiben. Das Thema hat er, und eine Gliederung gibt es auch schon. Seine Idee nimmt immer mehr Raum in ihm ein, und bald wird er sich ein Jahr Urlaub nehmen, um das Buch zu schreiben.

■ **Was Sie erschaffen und geleistet haben**
Nachdem ich meinen Collegeabschluß in Psychologie gemacht hatte, schrieb ich mich an der Universität für das Fach Pädagogik ein. Im Laufe dieses Studiums machte ich ein Praktikum an einer Vorortsschule. Aus dem Praktikum wurde eine volle Stelle als Mathematiklehrer.

In dieser Stadt wurde eine sehr große Schule gebaut, die drei Schulen vereinen sollte. Eltern, Lehrkörper und Verwaltung machten sich viele Gedanken darüber, wie diese Riesenschule für die Schüler und Schülerinnen sein würde. Würden sie sich verloren und fremd fühlen? Was ließ sich dagegen tun?

Ich hatte mich im Studium mit Veränderungen in Schulsystemen beschäftigt. Außerdem wollte ich gerne mein psychologisches Wissen einsetzen. Und mir war klar, daß ich nicht zu lange Mathematik unterrichten wollte. Ich stieß auf das Konzept des Ombudsmanns, eine Art freischwebenden, nirgends eingebundenen Problemlösers. Die Idee gefiel mir. Ich trug sie dem Oberschulamt vor, bewarb mich um die Aufgabe und bekam den Job.

Während der nächsten vier Jahre bot ich Einzel- und Gruppenberatungen für die Schüler und Schülerinnen an, richtete eine Lehrerfortbildungsstelle ein, half der Polizei, fortgelaufene Schüler zu finden, saß stundenlang bei deren besorgen Eltern, machte kleinere Veränderungsvorschläge für Gebäude und Lehrplan, vermittelte zwischen sich bekriegenden Schülern, sich bekriegenden Schülern und Lehrern oder sich bekriegenden Schülern und Eltern. Ich tat alles, was mir einfiel, damit die Schüler sich in der großen Schule wohlfühlten und mit ihren Eltern, untereinander und mit ihren Lehrern zurechtkamen. Es hat Spaß gemacht, und ich habe eine Menge geleistet.

Im Rückblick nach fünfundzwanzig Jahren sehe ich, wie wichtig diese eigentlich von mir selbst geschaffene Rolle als Ombudsmann dafür war, daß ich meine Aufgabe entdeckte – Menschen, Teams und Organisationen in ihrer Entwicklung zu unterstützen. Hier fing meine Laufbahn als Berater an.

Solche Leistungen und Dinge, die wir, egal wann, geschaffen haben, geben uns Hinweise auf unsere Aufgabe.

■ **Träume**
Manchmal kommen in unseren Träumen Wünsche und Hoffnungen zum Ausdruck, deren wir uns, wenn überhaupt, nur sehr vage bewußt sind.

Vor ungefähr fünfzehn Jahren, als ich mir meiner Aufgabe noch nicht so bewußt war, träumte ich einmal, ich säße in einem Büro hoch oben in einem Baum, tippte eifrig auf meiner Schreibmaschine, und vor der Tür standen die Leute Schlange, um mit mir zu sprechen.

In den letzten acht Jahren hatte ich zwei verschiedene Arbeitszimmer. Das erste befand sich im zweiten Stock meines Hauses, das von alten Fichten umgeben war. Vor der großen Glasschiebetür, durch die das Licht hereinfiel, war ein weitläufiger Balkon. Oft arbeitete ich hier, tatsächlich in den Baumwipfeln. Mein jetziges Arbeitszimmer, auch im zweiten Stock, hat ein Fenster, von dem aus ich die oberen Zweige einer alten Esche greifen kann. In diesen beiden Zimmern arbeitete ich hauptsächlich an diesem Buch, dem vorherigen, und an einer Ratgeberreihe zur Teamarbeit.

Obwohl die Leute nicht Schlange stehen, um mit mir zu sprechen – zumindest noch nicht –, bekomme ich doch zahlreiche Anrufe, Briefe und E-Mails, in denen ich um Rat gefragt werde, zu Vorträgen eingeladen oder als Firmenberater angefordert werde.

Wäre mir früher bewußt gewesen, daß Träume oft Hinweise auf unsere Aufgabe enthalten, dann hätte ich meine viel früher verstanden.

Tagträume enthalten oft die gleichen Hinweise wie die Träume, die wir im Schlaf haben.

■ **Wann lächeln Sie?**
Ich wußte, daß meine Bekannte Ellen vor kurzem die Arbeitsstelle gewechselt hatte. Bei einer Party fragte ich sie: „Wie gefällt dir deine neue Arbeit?" Ein Leuchten ging über ihr Gesicht, und ihre Augen wurden groß vor Freude. Dann erzählte sie mir, daß sie in ihrem früheren Beruf ihre Zeit verschwendet hatte, und wie wohl sie sich bei ihrer neuen Arbeit fühlte.

Ich kenne Ellen nicht gut genug, um über ihre Lebensaufgabe zu spekulieren, und es ist auch nicht meine Gewohnheit, aus Partygesprächen Rückschlüsse auf die Aufgabe meines Gegenüber zu ziehen. Aber das Lächeln auf Ellens Gesicht war ein sicherer Hinweise darauf, daß sie mit ihrer neuen Arbeit ihrer Aufgabe sehr nahe gekommen ist.

Was Ihnen hilft, Ihre Aufgaben zu entdecken

Die folgenden Fragen und Techniken helfen Ihnen, Ihre Aufgabe zu entdecken. Versuchen Sie nicht, sie alle gleichzeitig zu beantworten. Die eigene Aufgabe zu entdecken, kann Tage oder Wochen dauern.

Auch das Finden der eigenen Aufgabe gleicht einem fünfhundertteiligen Puzzle. Mit Hilfe dieser Fragen und Techniken können Sie die Teile finden.

Rufen wir uns die Vorgehensweise wieder ins Gedächtnis:

1. Sehen Sie sich die Teilchen genau an, um zu sehen, wie sie zusammenpassen. In unserer Situation sind diese Teilchen die Gedanken und Erinnerungen, die Ihnen beim Lesen des obenstehenden Textabschnitts in den Sinn gekommen sind, Ihre Antworten auf die folgenden Fragen und alle anderen Hinweise.
2. Haben Sie einige zusammenpassende Teilchen gefunden, dann fragen Sie sich, was sie bedeuten. Was haben sie gemeinsam? Wie paßt das eine ans andere? Suchen Sie nach Mustern. Finden Sie den gemeinsamen Nenner.
3. Sehen Sie immer wieder die übrigen Teilchen durch, um noch mehr zu finden, die passen. Oder Sie entdecken, in welcher Beziehung die neuen zu den bereits verbundenen Teilchen stehen.
4. Falls sie gar nicht zusammenpassen oder sich nicht mit dem verbinden lassen, was Sie bereits haben, dann legen Sie sie beiseite.
5. Wenn Sie gar nicht weiterkommen, dann wenden Sie sich eine Weile etwas anderem zu. Geben Sie Ihrem Unbewußten eine Chance, sich einen Weg durch das Durcheinander in Ihrem Bewußtsein zu bahnen.

Hier die Fragen und Anregungen:

1. Was hat in der letzten Zeit starke Gefühle bei Ihnen ausgelöst? Wie sind Sie mit der Situation umgegangen, die solche Gefühle bei Ihnen ausgelöst hat? Hätten Sie sich in irgendeinem Punkt lieber anders verhalten? Gibt es etwas, was Sie jetzt tun können? Suchen Sie in Ihrer Vergangenheit nach starken Gefühlen und tragen Sie zusammen, was sie ausgelöst hat. Läßt sich hinter diesen Situationen

ein Muster entdecken? Findet sich ein Muster hinter Ihren Reaktionen? Zu welchen Möglichkeiten greifen Sie, um kreativ aktiv zu werden?

2. Erstellen Sie eine Liste der Dinge, zu denen Sie in der Vergangenheit von Einzelpersonen und Organisationen aufgefordert worden sind. Findet sich ein gemeinsamer Nenner oder ein Muster? Wird jetzt gerade etwas von Ihnen erwartet?

3. Im folgenden beschreibe ich eine Möglichkeit, eine Lebenslinie zu entwerfen, mit der sich wichtige unerwartete Ereignisse und Wendepunkte in Ihrem Leben darstellen lassen. Zeichnen Sie eine waagerechte Linie auf die Mitte eines Blattes. Schreiben Sie links eine 0 hin. Rechts schreiben Sie Ihr gegenwärtiges Alter hin. Diese Linie beschreibt Ihr Leben seit der Geburt bis heute. Machen Sie überall dort ein Kreuz auf der Linie, wo sich etwas Wichtiges in Ihrem Leben verändert oder sich etwas Unerwartetes ereignet hat.

Hier zeige ich als Beispiel eine gekürzte Fassung von Tonis Lebenslinie:

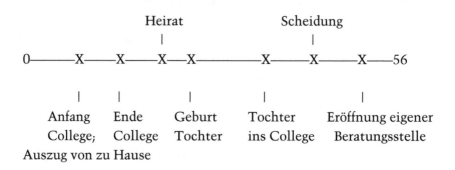

Ihre Lebenslinie kann viele oder wenige Markierungen haben. Die Zahl der Wendepunkte ist unerheblich.

Spüren Sie ein Muster, wenn Sie sich die wichtigen Ereignisse auf Ihrer Lebenslinie ansehen? Toni entdeckt zum Beispiel das, was sie ihre „Programmierung auf die Rolle als Ehefrau und Mutter" nennt, und später in ihrem Leben erkennt sie eine große Veränderung. In dieser Zeit wurde ihr die Stelle als Beraterin für Menschen in Übergangssituationen angeboten.

4. Was in Ihrem Leben hat großes Leid verursacht? Wie stehen Sie diesem Leid gegenüber? Hat diese Einstellung Ihrem Leben mehr Sinn gegeben? Falls nicht, wie könnten Sie Ihre Einstellung verändern?

5. Sehr hilfreich für das Aufspüren Ihrer Aufgabe ist jede Form von Meditation. Damit will ich nicht sagen, daß Sie nur mit der Hilfe von Meditationskursen Ihre Aufgabe entdecken können. Falls Sie in einer Meditationsform geübt sind, gut. Wenn nicht, dann nehmen Sie sich jeden Tag eine bestimmte Zeit für Ruhe und Alleinsein, und lassen Sie das Hin und Her Ihrer Gedanken zur Ruhe kommen. Es braucht kein Flußufer zu sein, aber es kann auch draußen sein, wie an einem Berg, einem See, an Bäumen, in Parks. Es geht darum, auf die kleine Stimme zu lauschen, die vielleicht von Ihrer Aufgabe spricht.

6. Welche Idee geht Ihnen nicht aus dem Kopf? Wie können Sie diese Idee vorantreiben?

7. Findet sich in Ihrer Berufstätigkeit ein Muster? In den Dingen, die Sie geschaffen haben?

8. Was bringt Sie zum Lächeln?

9. Ergänzen Sie die untenstehenden Sätze. Denken Sie bei Ihren Antworten eher an die Welt im allgemeinen, als an sich selbst. Auf eine Art sind das Ihre Hoffnungen für die Welt.

Wäre es nicht großartig, wenn _____.

Wäre es nicht großartig, wenn _____.

Wäre es nicht großartig, wenn _____.

Wäre es nicht großartig, wenn _____ .

Wäre es nicht großartig, wenn _____ .

Ich bin mir sicher, daß das alles wunderbare Hoffnungen sind. Und doch haben Sie nur dieses eine Leben, und Sie müssen sich entscheiden, wie Sie es am besten einsetzen können. Streichen Sie eine Hoffnung aus. Dann noch eine. Und noch eine. Jetzt noch eine. Was bleibt übrig?

10 SELBSTVERANTWORTUNG UND UNTERSTÜTZUNG

Wir können uns selbst ändern. Wir können unsere Gesellschaft ändern. Unser Wille ist etwas Unglaubliches. Wir können den Schmerz eines starken Lebens durchstehen, und wir können die Triumphe genießen.
Rita Mae Brown

Als kleines Mädchen war Helene ihrem Vater sehr nahe. Er war Maurer und Steinmetz und zeigte ihr gerne die Arbeit, die er machte. Zusammen richteten sie kleine Dinge am Haus. Mit sechs Jahren lernte Helene, eine saubere Mauer hochzuziehen. Sie fing an zu verstehen, was es bedeutet, etwas aufzubauen.

Als Helene in der Schule war, wuchs das Geschäft ihres Vaters zu einer kleinen Baufirma an, und sie besuchte ihn oft in seinem Büro, wenn er Kostenvoranschläge erstellte, Material bestellte oder mit Kunden oder den Polieren sprach. Die Atmosphäre dort gefiel ihr, und sie fing an, nach der Schule und an den Wochenenden auszuhelfen.

Sie wußte genau, was sie nach ihrem Schulabschluß mit ihrem Leben anfangen wollte: Sie wollte im Betrieb ihres Vaters arbeiten und ihn irgendwann übernehmen.

Helenes Vater starb kurz vor ihrem Schulabschluß. Den Betrieb übernahm ihr älterer Bruder.

Helene sprach mit ihrem Bruder über ihren Wunsch, im Familienbetrieb mitzuarbeiten.

„Eines Tages", sagte sie ihm, „möchte ich den Betrieb leiten."

Er antwortete: „Nein. Heirate. Bekomm Kinder. Das ist die richtige Aufgabe für eine Frau."

Andere Familienmitglieder stimmten Helenes Bruder zu. Wie andere Gruppen auch unterstützen Familien nicht immer das, was wir sind oder werden wollen.

Helene heiratete und bekam vier Kinder; ihren Traum hatte sie für eine Weile aufgegeben. Nebenher besuchte sie Schneiderkurse. Da das Geld in ihrer Familie knapp war, nähte Helene nicht nur fast alle ihre Kleider selbst, sondern auch die ihrer Kinder. Sie machte alle Änderungen an der Kleidung ihres Mannes selbst und nähte auch für Freunde. Langsam verstand sie Kleidung und Stoff, wie sie einmal Gebäude verstanden hatte. Kleidung herzustellen und Häuser herzustellen war gar nicht so verschieden.

Nach zwanzig Jahren Ehe ging Helene plötzlich ein Licht auf: „Die Ehe sollte eigentlich keine Sklaverei sein."

Und sie sagte ihrem Mann, daß sie Betriebswirtschaft studieren wollte. Ganz wie ihr Bruder sagte auch ihr Mann so etwas wie: „Nein. Du bist verheiratet. Du hast Kinder. Das ist die richtige Aufgabe für eine Frau." Das führte zur Scheidung. Wegen ihrer Scheidung hatte Helene kein Geld mehr für ein Studium.

Sie erzählt: „An dem Tag, an dem meine Scheidung rechtskräftig wurde, ging ich bis zum Ende der Straße, in der ich jetzt wohnte, und fragte mich: ‚Was jetzt?'" Als sie so da stand, am Ende der Straße, und auf ein unbebautes Stück Land sah, fragte sie sich: „Wovon verstehe ich etwas?" Die Antwort war Kleidung.

Helene eröffnete eine kleine Boutique, aus der bald eine größere Boutique wurde, aus der eine noch größere Boutique wurde, die ihr genauso gehörte wie das Gebäude, in dem sie sich befand, und zwei Wohnungen. Aus Helene war eine erfolgreiche Geschäftsfrau geworden.

Heute sagt sie: „Der Betrieb meines Vaters gefiel mir, weil er Menschen auf kreative Art dabei half, sich ihre Wünsche zu erfüllen, und zwar so, daß sie es bezahlen konnten. ‚Sie wollen eine Mauer?' Hier ist eine kreative Mauer. Ich tue das gleiche. ‚Sie wollen Kleider?' Hier sind kreative Kleider. Diese Kleider sind nicht wie die, die Ihre Nachbarin trägt. Das ist keine Massenware, und doch ist sie erschwinglich."

Was muß sich ändern?

Die kleinen Sternchen in dem Diagramm im achten Kapitel symbolisieren all das, was Ihren Genius, Ihr Engagement und Ihre Aufgabe unterstützt. Grob lassen sie sich in zwei Kategorien unterteilen. Die erste Kategorie umfaßt Ihre Lebensbedingungen, also Ihre Lebenssituation, Freunde, Familie, Ihren Beruf – alles in Ihrer Umgebung, was Ihren Genius, Ihr Engagement und Ihre Aufgabe unterstützt. Die zweite Kategorie umfaßt Aspekte Ihrer eigenen Persönlichkeit, vor allem aber Ihre Bereitschaft, Verantwortung für sich selbst zu übernehmen.

Ihr Genius existiert nicht in einem Vakuum. Er leidet unter Lebensbedingungen, die ihn nicht unterstützen oder sogar behindern. Unter positiven Bedingungen blüht er auf. Auch Ihr Engagement für verschiedene Dinge ist beeinflußt von Ihrer Lebenssituation. Das gleiche gilt für Ihre Möglichkeiten, Ihrem Ziel zu folgen. Auch Ihre psychologische Verfaßtheit, Ihre Denk- und Verhaltensgewohnheiten sowie Ihre Grundüberzeugungen können Ihren Genius, Ihr Engagement und Ihre Ziele potentiell ersticken oder unterstützen. All diese Aspekte umfaßt der Begriff „Persönlichkeit".

Helene hat ihre Lebensumstände verändert, um besser tun zu können, was sie als ihre Aufgabe ansieht. Bald nachdem sie ihren ersten Laden eröffnet hatte, fand sie Freunde und Freundinnen, die erfahrene Geschäftsleute waren. Inzwischen umgibt sie sich mit Menschen, die, anders als ihr Bruder und Ex-Mann, ihren Genius, ihr Engagement und ihre Aufgabe unterstützen. Auch Aspekte ihrer eigenen Persönlichkeit mußte sie verändern. Sie entwickelte das Selbstbewußtsein, auch ohne Collegeabschluß erfolgreich ein Geschäft leiten zu können.

Ihre Lebensumstände und Ihre eigene Persönlichkeit können Nährboden oder Gefängnis für Ihre Aufgabe sein.

Lebensumstände

Wie Helene veränderte auch Martin seine Lebensumstände drastisch, um seinen Genius und seine Aufgabe besser unterstützen zu können. Er schied freiwillig aus der Pressestelle einer großen Firma aus, um eine kleine eigene Werbefirma aufzumachen. Er nennt seinen Genius „Einsichten finden" und beschreibt es als seine Aufgabe, „Menschen über ihre medizinischen Optionen zu informieren". Seine Firma befaßt sich ausschließlich mit der Verbreitung von Informationen über medizinische Produkte.

Nach fünf Jahren waren in seiner eigenen Firma schon zehn Angestellte beschäftigt, der Umsatz betrug drei Millionen Dollar im Jahr, und langfristige Aufträge versprechen ein kontinuierliches leichtes Wachstum. Martin geht ganz in seiner Arbeit auf.

Er sagt: „Ich kann deshalb so viel Kraft in meine Arbeit stecken, weil sie ein Ausdruck meiner Persönlichkeit ist. Es ist, als würde ich auf eine Leinwand malen. Ich möchte ein Meisterwerk schaffen."

Natürlich gehört sehr viel Mut dazu, sich einer Aufgabe ganz hinzugeben. Es mag sich unnatürlich oder als ein zu großes Risiko anfühlen. Vermeiden ist immer der leichtere Weg, auch wenn wir dann das Gefühl haben, etwas fehle in unserem Leben. Dieses Gefühl tritt immer dann auf, wenn wir vor etwas ausweichen, was wir tun sollten.

Dieses Gefühl entsteht daraus, daß wir das Vermeiden und das Gefühl, daß etwas fehlt, nicht mit einander in Verbindung bringen.

Die Art von Mut, um die es hier geht, ist der Mut, aktiv Verantwortung für unseren Genius und unsere Aufgabe zu übernehmen – sie mit all unserer Kraft anzugehen.

„Es ist gar nicht so leicht", meint auch Martin. „Ich bin wohl länger an meiner alten Arbeitsstelle geblieben, als für mich richtig war, weil ich mich davor gefürchtet habe, Verantwortung dafür zu übernehmen, daß ich bin, wer ich wirklich bin."

Aspekte unserer Persönlichkeit

Genau wie die äußeren Bedingungen unseres Lebens können auch unsere inneren Bedingtheiten – was die „Persönlichkeit" ausmacht – entweder blockieren oder unterstützen. Zurückgehalten werden wir von unserer Angewohnheit zu zögern, uns selbst für nicht gut genug oder nicht gebildet genug zu halten, unserer Angst vor dem Fehlschlag oder vor dem Erfolg, vor dem häufigen Hang zu Abhängigkeiten und davon, daß wir oft nicht unterstützend zu uns selbst sind und auch nur schwer die Unterstützung anderer finden können und so weiter. Mit all dem weichen wir unserem Genius, unserem Engagement und unserer Aufgabe aus.

Marie, deren Genius „Wege erforschen" heißt, wurde zum Beispiel als Kind immer als „neugierig" bezeichnet. Bei der Teenagerin und späteren Collegestudentin wurden daraus allerdings eher kritische Bezeichnungen die man nun „unkonzentriert", „zerstreut" oder „unfähig, sich auf etwas einzulassen". Und so wurde sie zögerlich, wenn es darum ging, neue Wege zu erforschen, die sie faszinierten. Sie zögerte und dachte mehr und mehr, daß das, was sie gerade tat, das Falsche war. Sie wurde sehr selbstkritisch und vermied es immer mehr, sich auf Dinge einzulassen, die mit ihrem Genius zu tun hatten. Gleichzeitig konnte sie sich jetzt wirklich nicht mehr tief einlassen.

Vermeidung ist das größte Hindernis, das wir vor uns aufbauen. Es gibt so viele Gründe wie Möglichkeiten etwas zu vermeiden. Wir können es vermeiden, uns für die Dinge Zeit zu nehmen, die uns wichtig sind. Vieles läßt sich vermeiden, indem wir Unterbrechungen und Störungen herbeiführen, oder indem wir wie besessen arbeiten, uns so erschöpfen und hinterher nichts mehr tun wollen. Auch indem wir ganz den Mut fahren lassen und uns von der vor uns liegenden Aufgabe völlig überfordert fühlen, können wir es vermeiden, aktiv zu werden. Auch indem wir Zeit und Energie mit übertriebener Selbstkritik vergeuden, können wir vieles vermeiden.

Francine war sich bewußt, daß sie in einer Firma blieb, die ihr nicht guttat, um etwas zu vermeiden. Martin vermied lange Jahre das Risiko, sich selbstständig zu machen, indem er hoffte, die Menschen um ihn, besonders seine Vorgesetzten, würden sich verändern. Nachdem Helene eingesehen hatte, daß ihr Mann ihre Träume nicht unterstützen würde, blieb sie noch mehrere Jahre verheiratet, um zu vermeiden, was sie doch letztlich für unausweichlich hielt.

Je näher ich dem Ende dieses Textes komme, desto mehr möchte ich dieses Ende hinausschieben. Bald werde ich dieses Buch in die Welt entlassen müssen – ein beängstigender Gedanke. Zu meinen Vermeidungsstrategien zählt es, überkritisch zu sein („Was für ein langweiliges Buch") und der so einfache Mouseklick, der mich von meinem Text zu einem Computerspiel bringt. Außerdem sehe ich einen deutlichen Unterschied zwischen dem Waldspaziergang, der zum kreativen Prozeß gehört und zu Aha-Erlebnissen führt, und dem Spaziergang, mit dem ich nur der Arbeit ausweichen will. In der letzten Zeit habe ich zu viele Spaziergänge ohne Aha gemacht.

Den eigenen Genius, die eigene Aufgabe, und die Art von Engagement vermeiden, durch die die Energie unseres Genius zu unserer Aufgabe hin kanalisiert wird, all das weckt in uns das Gefühl, daß in unserem Leben etwas fehlt.

Selbstverantwortung

Die Frage nach unserer Verantwortung unserem eigenen Leben gegenüber ist eine alte philosophische Tradition. Es geht dabei darum, wie wir unsere ganz eigene Realität erschaffen. Ich bezeichne diese Art der Verantwortung als „Selbstverantwortung", um es von dem häufiger verwendeten Begriffsfeld „verantwortungsbewußt" abzugrenzen, wie es in „Er ist ein sehr verantwortungsbewußter Mensch" verwendet wird. Zur Selbstverantwortung gehört es, in Übereinstimmung mit unserer inneren Stimme zu handeln, mit unserem Konzept von uns selbst, unserer Vorstellung, wie wir in der Welt sein wollen. Und es gehört Respekt vor dem eigenen Genius und eine Verpflichtung der eigenen Aufgabe gegenüber dazu. Selbstverantwortung heißt Verantwortung dafür übernehmen, wer wir sind.

Peter Köstenbaum bezeichnet sich selbst als „klinischen Philosophen". Er wendet philosophische Erkenntnisse auf die Probleme des Alltags, besonders Geschäftsprobleme an. Köstenbaum ist der Überzeugung, daß authentische Selbstdarstellung aus der Auseinandersetzung mit den Grundfragen der menschlichen Existenz erwächst – Fragen wie der Tod, Freiheit, Verantwortung, Inhalt und Arbeit, Liebe und Nähe, Identität und andere mehr. Er bezeichnet diese Fragen als unsere „tiefsten existentiellen Belange" und schreibt: „Diese tiefsten existentiellen Belange, sind sie ganz verstanden und in unser Leben integriert, vermitteln uns ein Gefühl der Kraft, der Energie, des Engagements, der Verwurzelung, Zentriertheit, Lebendigkeit, Freude, Befreiung und Hoffnung." Köstenbaum spricht von der Selbstverantwortung als dem „Freiheit-Verantwortlichkeit-Paar", womit er darauf hinweist, daß Selbstverantwortung und Freiheit miteinander untrennbar verbunden sind. Wenn wir Verantwortung für uns selbst übernehmen, befreit uns das von den Flüchen der Opferposition und der Abhängigkeit.

Selbstverantwortung hat zwei Bestandteile: Bewußtsein und Engagement. Bewußtsein bedeutet in diesem Kontext die Fähigkeit, unseren eigenen Beitrag zu einer bestimmten Situation ebenso richtig einschätzen zu können, wie unsere Wirkung auf andere und unseren Anteil an der Situation, in der wir uns befinden. Erforderlich ist dafür der Wille, uns als Quelle unseres Selbst anzunehmen, zu verstehen und zu akzeptieren, daß wir selbst unsere eigenen Gefühle, Gedanken, Überzeugungen, Wahrnehmungen und Handlungen auslösen.

Selbstverantwortung kann also verstanden werden als die Fähigkeit, unsere eigene Wirkung auf uns selbst und unsere Umwelt richtig zu beurteilen (Bewußtsein), verbunden mit der Fähigkeit, uns auf eine Sache oder eine Person ganz einzulassen (Engagement).

Vier Lebensausrichtungen

Das folgende Diagramm zeigt, daß unser Leben sich auf vier verschiedene Arten ausrichten kann, je nach dem, wie viel Bewußtsein und Engagement wir entwickelt haben. Die vier Kategorien stehen nicht für vier Menschentypen. Manche Menschen leben vorwiegend in einer oder der anderen der Kategorien, und diese Stereotype will ich zur Illustration der einzelnen Orientierungen beschreiben. In Wirklichkeit aber nehmen die meisten Menschen zu unterschiedlichen Zeiten und in unterschiedlichen Situationen jede der Orientierungen bei sich wahr.

hohes Bewußtsein	bequem	verantwortlich
geringes Bewußtsein	Opfer	leerer Aktionismus
	geringes Engagement	hohes Engagement

Ein kaum entwickeltes Bewußtsein in Verbindung mit wenig Engagement führt dazu, daß wir eine Opferrolle einnehmen. Ein Opfer ist überzeugt, den Kräften, die außerhalb von uns selbst wirken, hilflos ausgeliefert zu sein und daran nichts ändern zu können. Diese Sicht findet sich in Menschen, die immer anderen die Schuld zuschieben oder dem Schicksal oder ihrem Pech, und nie sich selbst als Ausgangspunkt ihrer Situation und als Kraft sehen, die die Situation ändern kann. Sie tun nichts Konstruktives, um sich selbst oder ihre Lebensumstände zu verändern.

Martin ist ein Beispiel hierfür, denn er hat sich als Opfer seiner Vorgesetzten und der Firma gesehen – bis er dann beschloß, ein eigenes Unternehmen zu gründen. Helene fühlte sich von ihrem Bruder und Ehemann zum Opfer gemacht. Und doch sind sie nicht in dieser Weltsicht hängengeblieben. Beide haben ihre Opfergefühle als Hinweis darauf erkannt, etwas an ihrem Leben zu ändern.

Ein gering entwickeltes Bewußtsein gepaart mit viel Engagement führt zu ziellos aktivem Verhalten. Viel Energie wird für schlecht ausgewählte Ziele angewendet, ohne Verständnis dafür, daß solche Aktivitäten andere ebenso beeinflussen wie die Situation und uns selbst. Ein typischer Fall ist die von Jackie Gleason gespielte Figur des Ralph Kramden in dem Film *Die Flitterwochen*. Immer wieder hat Ralph völlig unrealistische Pläne und stolpert dadurch in die unmöglichsten Situationen, und es fehlt ihm jedes Verständnis dafür, daß er selbst viel zu seinen Problemen beiträgt. Er versteht sich selbst nicht. Dank der Magie des Drehbuchschreibers und der Weisheit seiner Frau Alice kommt für Ralph alles zu einem guten Ende. Wenn wir „hohldrehen", geht das oft nicht so gut für uns aus.

Ein hohes Bewußtsein und wenig Engagement führt zu einer sehr entspannten Weltsicht, vielen Erkenntnissen über die Welt und uns selbst, aber ohne Handlung, ohne sinnvolle und zukunftsträchtige Entscheidungen. Ich kannte einmal einen Mann, der seine Einsichten an sich als den einzigen Weg zu Veränderungen in seinem Leben betrachtete. Er gelangte zu Einsicht nach Einsicht in seine unglückliche Lebenssituation, konnte sich aber nie dazu durchringen, aktiv zu werden. Während der fünf Jahre, die ich ihn kannte, blieb er unverändert in einer Situation verhaftet, die er selbst als unbefriedigend und bedrückend empfand. Alles, was er seiner Situation entgegensetzen konnte, waren immer neue Einsichten.

Ein hohes Bewußtsein verbunden mit echtem Engagement schließlich ermöglicht eine selbstverantwortliche Sicht auf die Welt. Menschen, die dem Leben selbstverantwortlich gegenüberstehen, sind leicht zu erkennen. Man spürt, daß sie ihr Leben im Griff haben, erfolgreich sind und mit ihrer Energie andere anstecken. Andere sind ihnen wichtig, sie gehen auf sie ein, lassen sich aber nicht davon bestimmen, was andere von ihnen denken. Opfergefühle lassen sie bald hinter sich und verringern die Wirksamkeit ihrer Vermeidungsstrategien – oder schalten sie ganz aus. Probleme und Konflikte können sie so lösen, daß es ihnen hinterher besser geht als vorher, und sie scheinen fast alles zu erreichen, was sie sich vornehmen. In diesem Buch stehen viele Geschichten von solchen selbstverantwortlichen Menschen. Francine und Martin haben unbefriedigende und schädliche Arbeitssituationen hinter sich gelassen. Mandy und Toni haben sich aus unbefriedigenden und schädlichen Ehen gelöst. Nicht die Trennungen sind der wichtigste Teil dieser Geschichten. Wichtig ist ihr fester Wunsch, Verantwortung für ihre Hoffnungen und Träume zu übernehmen, für ihren Genius und ihre Aufgabe im Leben.

Keine Schuldzuweisungen

Selbstverantwortlichkeit ist das Gegenteil von Schuldzuweisungen. Spüren wir, daß wir anderen, dem Schicksal oder unserem Pech die Schuld für etwas zuschieben, dann sind wir nicht im Kontakt mit unserer Selbstverantwortlichkeit. Martin gab seinen Vorgesetzten die Schuld für seine Unzufriedenheit, bis er seine eigene Firma gründete. Mandi, Toni und Helene sahen die Schuld bei ihren Ehemännern. Maya gab die Schuld ihrer Ursprungsfamilie.

Unsere Gesellschaft hat ein großes Problem mit der Schuld. Wir wollen immer wissen: „Wer ist schuld?" Und wenn wir aufhören, andere, unser Pech oder das Schicksal verantwortlich zu machen, aber weiterhin das Bedürfnis haben, jemandem die Schuld zu geben, bleibt uns fast nur der Ausweg, uns selbst schuldig zu fühlen. Selbstverantwortlichkeit erfordert aber, daß wir das Konzept der Schuld ganz loslassen. Mit einer selbstverantwortlichen Haltung geben wir weder anderen noch uns selbst die Schuld. Wir fragen nur: „Was ist passiert, wie sieht die Situation aus, und was habe ich dazu beigetragen?"

Das soll keineswegs heißen, daß schlechte Taten ungesühnt bleiben sollen. Es heißt nur, daß wir, um eine selbstverantwortliche Sicht auf unser Leben zu erreichen, die Opfersicht aufgeben müssen, aus der Schuldzuweisungen entstehen.

Verantwortung für uns selbst zu übernehmen, bedeutet:
- Weder anderen noch unserem Pech noch dem Schicksal die Verantwortung dafür zu geben, wie wir sind, was wir tun, was wir haben oder wie wir uns fühlen.
- Uns selbst keine Schuld zuzuschreiben.
- Uns bewußt zu sein, daß wir selbst zu unserer eigenen Situation beitragen.
- Uns ganz für das einzusetzen, was wir erreichen wollen.
- Uns der Vielzahl von Möglichkeiten bewußt zu sein, die wir in jeder Situation haben.

Verantwortung für unseren Genius und unsere Aufgabe

Wenn ich Workshops veranstalte, die sich mit den Inhalten meines Buches *Artful Work* beschäftigen, bitte ich die Teilnehmenden manchmal, sich unter Nennung der Kunstform vorzustellen, mit der sie sich beschäftigen. Mich selbst würde ich zum Beispiel so vorstellen: „Ich heiße Dick Richards, und ich schreibe Bücher." Das fällt vielen Menschen erstaunlich schwer. Es ist für sie eine ähnliche Erfahrung wie die eines Alkoholikers, der bei einem AA-Treffen aufsteht, um zu sagen: „Ich bin Alkoholiker." Angst hat damit ebenso zu tun wie Scham.

Einmal erzählte mir eine Teilnehmerin an einem Workshop während der Pause, sie sei „Textilkünstlerin". Der Begriff war mir neu, und ich fand ihn großartig. Als der Workshop weiterging, forderte ich die Teilnehmenden auf, ihre künstlerische Betätigung zu beschreiben. Die eben erwähnte Frau sagte: „Ich mache Quilts."

Ich fragte sie, warum sie ihre Kunstform in der Gruppe anders beschrieb als in der Pause.

„Textilkünstlerin klingt so abgehoben", antwortete sie. „Ich wollte nicht eingebildet wirken."

Manche, denen diese Art der Vorstellung schwerfiel, haben mir erzählt, daß man dabei Verantwortung übernehmen müsse für einen Teil von sich selbst, den sie so oft verleugneten. Sie sind es gewöhnt, den Künstler oder die Künstlerin in sich zu verleugnen oder herunterzuspielen. Dafür schämen sie sich. Und sie haben Angst, einen wertvollen Teil ihrer selbst offenzulegen.

Etwas sehr ähnliches geschieht während Workshops, in denen die Teilnehmenden ihren Genius benennen wollen. Der Augenblick, wenn sie der ganzen Gruppe sagen: „Mein Genius heißt _____ _____", wird oft als angespannt und belastend empfunden.

So oft knebeln wir unser Bewußtsein von unserem Genius und unserer Aufgabe. Wir verdrängen es genau so, wie wir unser Wissen um unangenehme Tatsachen verdrängen. Nicht, daß unser Genius und unsere Aufgabe an sich unangenehm wären. Aber es führt zu unangenehmen Gefühlen, wenn wir sie vermeiden oder unsere Verantwortung für sie verleugnen. Das unangenehme Gefühl ist das Wissen, daß in unserem Leben etwas fehlt.

Anregungen für Selbstverantwortlichkeit und Unterstützung

- Lesen Sie noch einmal die drei Geschichten, die Sie auf der Suche nach einem Namen für Ihren Genius aufgeschrieben haben. Machen Sie eine Liste von allem, was Sie in Ihrer Umgebung unterstützt hat. Welche Belohnungen haben Sie für Ihr Handeln bekommen? Wer war der Auslöser für Ihre Handlungen, Sie selbst oder ein anderer? Waren Sie allein oder in einer Gruppe? War es eine überwiegend körperliche

oder überwiegend geistige Aktivität? Wie sind die Menschen um Sie herum mit Ihnen umgegangen?
- Wer tut Ihrem Genius jetzt gut? Welche anderen Menschen in Ihrem Leben könnten Ihren Genius unterstützen?
- Womit kennen Sie sich aus?
- Was sind Ihre bevorzugten Vermeidungsstrategien? Was vermeiden Sie im Augenblick?
- Wann fühlen Sie sich als Opfer? Was haben Sie zu dieser Situation beigetragen? Was machen Sie deshalb jetzt anders als früher? An welchem Bewußtsein hat es gefehlt? Wo hat es an Engagement gefehlt?
- Wann haben Sie sich in blinden Aktionismus gestürzt? Was haben Sie zu dieser Situation beigetragen? Welche Einsicht hat Ihnen gefehlt?
- Wann haben Sie sich erlaubt, sich einfach nur bequem zurückzulehnen? An welchem Engagement hat es gefehlt?
- Schreiben Sie Situationen auf, in denen Sie selbstverantwortlich gehandelt haben oder sich selbstverantwortlich mit einem Problem auseinandergesetzt haben.
- Spielen im Moment Schuldzuschreibungen eine Rolle in Ihrem Leben? Geben Sie sich selbst die Schuld für etwas?

NACHWORT

*E*in Buch sollte nicht mit einer Liste aufhören.

Als ich mir eines Tages wieder einmal den Kopf darüber zerbrach, womit dieses Buch aufhören sollte, tauchte ein Bild vor mir auf. Es war ein Aquarell von William Blake: *Phantasie mit leuchtenden Augen*. Blake, der oft über den Genius als einen Engel sprach, hat auf diesem Bild eine junge Frau gemalt, die über einem lautespielenden Musiker schwebt. Der Musiker Stephen Nachmanovitch sagt über dieses Bild: „Sie schüttet ein Füllhorn an Ideen in Form von Elfen und kleinen Kindern über ihm aus, die der Dichter-Musiker zu spielen versucht – so, als wäre seine Leier ein Schreibinstrument –, bevor sie sich in Luft auflösen." Dieses Bild stellt eindrucksvoll den Genius dar, der wie ein schwebender Engel das Spiel des Musikers leitet. Er lenkt ihn nicht, sondern bietet Noten an, zwischen denen der Musiker mit seinem Instrument wählt. Er konzentriert sich ganz auf das von ihr dargebotene, als wollte er auch nicht das Kleinste verpassen. Blakes Illustration gehört zu einem Gedicht von Thomas Gray, das mit den Zeilen aufhört:

Oh! Göttliche Leier, welcher mutige Geist
Erwecket dich jetzt?

Funktioniert so der Genius? Bietet auch mein Genius, Klarheit schaffen, mir Ideen an? Ist es an mir, mich zu konzentrieren, damit ich sie mit meinem Computer und Textverarbeitungsprogramm aus der Luft pflücken kann? Ist diese Tastatur meine Leier? Welcher mutige Geist will mich erwecken?

Gibt der Genius einer Reisefachfrau ihr Prospekte? Zeigt der Genius des Immobilienmaklers ihm neue Gebäude? Weist der Genius des Mechanikers, der bei meinem Auto den Ölwechsel macht, ihm das richtige Öl? Empfängt die Journalistin, die mich interviewt, ihre Fragen aus dem Füllhorn ihres Genius? Ich glaube schon.

An jenem Abend, einem schwülen Augustabend in Cincinnati, ging ich wie viele Hundert andere Leute zu einer von Bäumen umgebenen Rasenfläche im Sharon Woods Park, um das Cincinnati Pop Orchester spielen zu hören. Blakes Bild stand mir noch sehr lebendig vor Augen.

Das Konzert begann mit der Ouvertüre zu *Orpheus in der Unterwelt*. Ich entschloß mich, mir über jedem Musiker einen ihn umsorgenden Genius mit einem Füllhorn voller Elfchen vorzustellen. Zuerst fiel mir das eher schwer. Die Aufgabe war zu groß. Zu viel passierte auf der Bühne, wo vierzig Musiker und ein energischer, weißgekleideter Dirigent ihre Arbeit machten. Außerdem war meine Vorstellungskraft nicht ganz bei der Sache. Ich sah ins Zeltdach hinauf, ob der Genius vielleicht dort säße, aber ich sah nur Motten, die im Flug um die Bühnenlichter sich selbst verbrannten.

Und dann, während eines Saxophonsolos, spürte ich, daß die Musikerin die Noten aus der Luft holte, nicht aus sich selbst. Bei der Titelmusik von *Forrest Gump* ging es mir wieder so, als der Pianist das Thema spielte. Ich war nahe daran.

Gleich nach der Pause geschah es dann.

Daa daa dam-da dam-da dam-da dam-daaa.
Daa daa dam-da dam-da dam-da dam-daaa.
Daa daa dam-da dam-da dam-da dam-daaa.

Sing, sing, sing, sing.
Everybody's got to sing.

Die Cincinnati Pops legten los. Und plötzlich sah ich sie vor mir. Jeden einzelnen Genius, alle vierzig, jeder wie Blakes und Grays „mutiger Geist", schwebten unter dem blauweiß gestreiften Baldachin, und aus den Füllhörner strömte es. Überall tropft es Elfen, eine Elfenüberschwemmung. Musiker pflücken sie voller Elan und doch ganz zart mit ihren Instrumenten aus der Luft. Keine einzige Elfe stürzt zu Boden. Sie wurden aus der Luft gepflückt und einem begeisterten und lebendigen Publikum als einzelne Noten überreicht während dieses Auftritts eines Orchesters, das wirklich groovte.

Doch da hören alle „mutigen Geister" auf, Elfen herabzuwerfen. Bis auf einen. Dieser Genius schwebt noch über dem Schlagzeuger, das Füllhorn gekippt, schenkt noch seine Gaben.

Daa daa dam-da dam-da dam-da dam-daaa.
Daa daa dam-da dam-da dam-da dam-daaa.
Daa daa dam-da dam-da dam-da dam-daaa.

Den Schlagzeuger kenne ich nicht. Ich sehe seinen Genius genauer an. Ist das möglich? Aber ja! Der Genius sieht aus wie Gene Krupa. Krupas Bild erkenne ich von einer alten Plattenhülle. Dieser Krupa-Doppelgänger-Genius scheint wie besessen. Der Schweiß tropft ihm von der Stirn, als er in wilder Folge Elfen über den Schlagzeuger auf der Bühne ausgießt. Auf dem Höhepunkt des Trommelsolos greift der Genius mit beiden Händen in das Füllhorn, löffelt Elfen heraus und wirft sie wild auf den Schlagzeuger hinunter. In mir meldet sich die Frage, ob ein Genius wirklich schwitzen kann, oder ob meine Phantasie Amok läuft.

Tap, tap, tap-tap.
Tap, tap, tap-tap.
Tap, tap, tap-tap.
Daa daa dam-da dam-da dam-da dam-daaa.
Daa daa dam-da dam-da dam-da dam-daaa.
Daa daa dam-da dam-da dam-da dam-daaa.

Jedes Tap und jedes dam-da fließt aus dem Füllhorn und wird aus der Luft gepflückt.

Noch einmal geschieht es, während des Finales: *Mackie Messer*. Die „mutigen Geister" sind wieder da, machen ihre Arbeit, bieten ihre Gaben an. Dieses Mal achte ich auch auf das Publikum, die Leute um mich herum. Ein heller Vollmond lugt durch die Bäume. Ich sehe die weißhaarige Frau neben mir. Den Bärtigen dort drüben. Den Mann da mit der Yamulke. Ein asiatisches Kind, das im Schoß seiner Mutter schläft. Die dunklen Umrisse der Menschen vor mir. Jeder und jede wird von einem schwebenden Genius umsorgt. Der eine Genius gießt etwas aus seinem Füllhorn, der andere scheint sich auszuruhen. Elfen flattern durch die Luft.

Mein eigener Genius scheint erschöpft und zufrieden. Ein voller, produktiver Abend.

Sing, sing, sing, sing ...

BÜCHER, DIE WEITERHELFEN

Soweit ich weiß, ist dies das einzige Buch, in dem es ganz speziell darum geht, wie man seinen eigenen Genius entdecken kann. Es gibt freilich viele andere Bücher, die solche Begriffe behandeln wie Engagement und Lebensaufgabe. Hier sind ein paar meiner Favoriten:

Lawrence Boldt hat einen außerordentlich verständlichen Karriereführer verfaßt. Er trägt den Titel *Zen and the Art of Making a Living* (New York 1993). Der zweite Abschnitt des Buches wird besonders nützlich für diejenigen sein, die ihre eigene Lebensaufgabe suchen.

Stephen Coveys Arbeit, besonders *The Seven Habits of Highly Effective People*. (New York 1989; Dt.: *Die Sieben Wege zur Effektivität*. Frankfurt/M., 5. durchgesehene Aufl. 1995), ist ebenso verständlich und praktisch ausgerichtet. Es ist besonders nützlich für diejenigen, die ihre Lebensaufgabe entdeckt haben und fragen: „Was jetzt?"

Phillip Berman hat die Schriften von zweiunddreißig bekannten Männern und Frauen herausgegeben, die in dem Buch *The Courage of Conviction* (New York 1985) erläutern, wie sie ihre Ansichten praktisch umgesetzt haben.

Die Liste der Beiträger schließt Joan Beaz, Mario Cuomo, den Dalai Lama, Norman Cousins und Benjamin Spock ein – wirklich eine bunte Mischung! Das Buch hält gleichermaßen Anregungen dieser Personen bereit als auch Berichte.

David Kierseys und Marilyn Bates' Buch *Please Understand Me* (Del Mar 1984) bietet einen Test, der es den Lesern ermöglicht, ihren Persönlichkeitstyp festzulegen. Der Test basiert auf dem leichter verständlichen und gut fundierten Myers-Briggs-Typenindikator. Viele Menschen, die Workshops besuchen, wie sie in diesem Buch beschrieben sind, haben Anhaltspunkte für ihren Genius gefunden durch die Beschreibungen ihres Persönlichkeitstyps sowohl in *Please Understand Me* als auch in den Daten, die durch den Myers-Briggs-Test vorliegen.

Mein eigenes Buch *Artful Work: Awakening Joy, Meaning, and Commitment in the Workplace* (San Francisco 1995) ist natürlich ebenso einer meiner Favoriten. Es bestätigt die Meinung aller Künstler über ihre Arbeit im Vergleich zu jeder anderen.

Richard Leider und David Shapiro schrieben *Repacking Your Bags* (San Francisco 1994; Dt.: *Laß endlich los und lebe. Mit den Menschen, die du liebst – der Arbeit, die dich erfüllt – deinem Ziel vor Augen.* Landsberg 1998) für Menschen, die ein erfülltes Leben führen wollen. Ihre Ansichten über Ziele sind nützlich und erfrischend, und ihre Ideen über ‚seine Lasten erleichtern' haben mir sehr viel bedeutet.

Julia Cameron's *The Artist's Way* (New York 1992, Dt.: *Der Weg des Künstlers. Ein spiritueller Pfad zur Aktivierung unserer Kreativität.* München 1996) ist ein Wunder von einem Buch. Obwohl es für ambitionierte Künstler geschrieben war, macht Camerons Überlegung, daß sich auszudrücken der natürliche Weg des Lebens überhaupt ist, daraus ein stärkendes Buch für jedermann, der sich Zeit dafür nimmt.

Peter Koestenbaums Arbeit als klinischer Philosoph hat mich berührt und mir geholfen, meine eigene Arbeit weitergehend zu reflektieren. Die am besten zugängliche Zusammenstellung von Peters besonderer Denkweise ist in seinem Buch *The Heart of Business* (San Francisco 1987).

Die Suche nach Ihrem Genius und deiner Lebensaufgabe ist gleichermaßen eine Erforschung desjenigen Bereiches, der unter der Oberfläche des Lebens liegt. Viele Autoren haben meine Erkundungsreise unterstützt. Unter ihnen ist James Hillman (*The Soul's Code*,

Dt.: *Charakter und Bestimmung.* München 1998), Sam Keen (*Hymns to an Unknown God* und *Fire in the belly*, Dt.: *Feuer im Bauch.* Bergisch-Gladbach 1993), Marianne Williamson (*A Return to Love*, Dt.: *Rückkehr zur Liebe.* München 1996), Robert Bly (*Iron John*, Dt.: *Eisenhans. Ein Buch für Männe.* München 1991, sowie seine Bücher über Dichtung), Gary Zukav (*The Seat of the Soul*), Stephen Nachmanovitch (*Free Play*), David Whyte (*The Heart Aroused*), Lyall Watson (*Lifetide*, Dt.:*Die Grenzbereiche des Lebens. Körper – Geist – Seele.* Eschborn 1997), Deepak Chopra (besonders *The Seven Spiritual Laws of Success*, Dt.: *Die sieben geistigen Gesetze des Erfolges.* München 1996) und Thomas Moore (*Care of the Soul*, Dt.: *Der Seele Flügel geben. Das Geheimnis von Liebe und Freundschaft.* München 1995). Und, natürlich, Viktor Frankl (*Man's Search for Meaning*, Dt.: *Der Mensch vor der Frage nach dem Sinn. Eine Auswahl aus dem Gesamtwerk.* München 10. Aufl. 1998).

BENUTZTE LITERATUR

Kapitel 1: Unser Genius
Blake, William, The Portable Blake (Alfred Kazin, editor). New York 1946
Chopra, Deepak, The Seven Spiritual Laws of Success. San Rafael 1994 (Dt.: Die sieben geistigen Gesetze des Erfolges. München 1996)
Covey, Stephen, The Seven Habits of Highly Effective People. New York 1989 (Dt.: Die Sieben Wege zur Effektivität. Ein Konzept zur Meisterung Ihres beruflichen und privaten Lebens. Frankfurt/M., 5. durchgesehene Aufl. 1995)
Doyle, Sir Arthur Conan, The Adventures of Sherlock Holmes. New York 1989
Grafton, Sue, B is for burglar. New York 1985
Hissey, Jane, Old Bear. New York 1986 (Dt.: Kleine Bären-Bücherei. Der alte Bär / Wie der kleine Bär seine Hose wiederfand / Der kleine Bär ist verschwunden. 3 Bde. Ravensburg, 2. Aufl. 1993)
Redfield, James, The Celestine People. New York 1993 (Dt.: Kleiner Celestine-Führer zur zehnten Erkenntnis. München 1998)

Kapitel 2: Aufmerksam sein
Boldt, Lawrence, Zen and the Art of Making a Living. New York 1993
Heisenberg, Werner, Physics and Beyond: Encounters and Conversations. New York 1972
„Wenn ich weiterhin Informationen so aufnehme ...": Diese Zeilen werden manchmal „Das Gestaltgebet" genannt, und ich habe sie zuerst von Jonno Hanafin gehört, der dem Gestalt Institut von Cleveland angehört. Weder Jonno noch andere vom Institut, mit denen ich gesprochen hatte, kennen die Quelle. Offensichtlich ist der Verfasser anonym.

Kapitel 3: Was ist ein Genius?

Blake, William, The Portable Blake (Alfred Kazin, editor). New York 1946

Bly, Robert, The Sibling Society. Reading 1996 (Dt.: Die kindliche Gesellschaft. München 3. Aufl. 1997)

Coomeraswamy, Ananda, Christian and Oriental Philosophy of Art. New York 1956

Chopra, Deepak, The Seven Spiritual Laws of Success. San Rafae 1994 (Dt.: Die sieben geistigen Gesetze des Erfolges. München 1996)

Grimal, Pierre, The Concise Dictionary of Classical Mythology. Cambridge 1990; hierin die Beschreibungen des Begriffes Genius im klassischen Rom

Hillman, James, The Soul's Code. New York 1996 (Dt.: Charakter und Bestimmung. München 1998)

Platon, Phaidon (hier zitiert nach: Perseus Project, Tufts University)

The Random House College Dictionary 1975

Sokrates, vgl. die Forschungen des Clarke University Philosophy Department

Zukav, Gary, The Seat of the Soul. New York 1990

Kapitel 4: Frustration und Hindernisse

Boldt, Lawrence, Zen and the Art of Making a Living. New York 1993

Heisenberg, Werner, Physics and Beyond: Encounters and Conversations. New York 1972

Selye, Hans, Stress without Distress. New York 1974

Kapitel 6: Das Puzzle lösen

Gendlin, Eugene, Focusing. New York 1982 (Dt.: Focusing. Technik der Selbsthilfe bei der Lösung persönlicher Probleme. Salzburg 7. Aufl.)

Platon, Phaidon (hier zitiert nach: Perseus Project, Tufts University)

Kapitel 7: Gemeinsam suchen
Zukav, Gary, The Seat of the Soul. New York 1990

Kapitel 8: Sich einer Aufgabe hingeben
Frankl, Viktor, Man's Search for Meaning. New York 1984 (Dt.: Der Mensch vor der Frage nach dem Sinn. Eine Auswahl aus dem Gesamtwerk. München 10. Aufl. 1998)
Frankl, Viktor: The Will to Meaning. New York: Meridian, 1988 (Dt.: Der Wille zum Sinn. Ausgewählte Vorträge über Logotherapie. Göttingen 3. Aufl. 1982)
Portelli, Lewis, Mgr. Michael Azzopardi: An Appreciation by Lewis Portelli. The Sunday Times (Malta), 31.5.1987

Kapitel 9: Unsere Aufgabe finden
Boldt, Lawrence, Zen and the Art of Making a Living. New York 1993
Bradley, Marion Zimmer, The Mysts of Avalon. 1984 (Dt.: Die Nebel von Avalon. Frankfurt/M. 1998)
Chopra, Deepak, The Seven Spiritual Laws of Success. San Rafael 1994 (Dt.: Die sieben geistigen Gesetze des Erfolges. München 1996)
Covey, Stephen, The Seven Habits of Highly Effective People. New York 1989 (Dt: Die Sieben Wege zur Effektivität. Frankfurt/M., 5. durchgesehene Aufl. 1995)
Dickinson, Emily, Selected Poems and Letters of, Robert N. Linscott, editor. New York 1959
Fox, Matthew, The Reinvention of Work. San Francisco 1994 (Dt.: Revolution der Arbeit. Damit alle sinnvoll leben und arbeiten können. München 1996)
Frankl, Viktor, Man's Search for Meaning. New York (Dt.: Der Mensch vor der Frage nach dem Sinn. Eine Auswahl aus dem Gesamtwerk. Vorwort von Lorenz, Konrad. München, 10. Aufl. 1998)

Keen, Sam, Hymns to an Unknown God. New York 1994
Moore, Thomas, Care of the Soul. New York 1992 (Dt.: Der Seele Flügel geben. Das Geheimnis von Liebe und Freundschaft. München 1995)
Redfield, James, The Celestine Prophecy. New York 1993 (Dt.: Kleiner Celestine-Führer zur zehnten Erkenntnis. München 1998)
Williamson, Marianne: A Return to Love. New York 1992 (Dt.: Rückkehr zur Liebe. München 1996)

Kapitel 10: Selbstverantwortung und Unterstützung
Brown, Rita Mae, The Courage of Conviction. New York 1985
Koestenbaum, Peter, The Heart of Business. San Francisco 1987

Nachwort
Nachmanovitch, Stephen, Free Play: The Power of Improvisation in Life and the Arts. New York 1990
Das Plakat für die 1996er ‚Konzerte im Park' des Cincinnati Pop Orchester dankt Louis Prima für das Lied „Sing, sing, sing", das er für den Kinofilm „The Benny Goodman Story" komponiert hat.

Dick Richards arbeitet seit zwanzig Jahren als Berater für Unternehmen und Institutionen in den USA. Seine Schwerpunkte sind Führungsfragen, Karriereberatung und Persönlichkeitsentwicklung.

Wege zum Selbst

Enid Howarth / Jan Tras
Unvollkommen lebt sich's besser
Gelassen und erfolgreich durch den Alltag
288 Seiten, Klappenbroschur
ISBN 3-451-26747-0
Die Wirklichkeit ist viel bunter und abwechslungsreicher als alle Perfektions-Phantasien. Entdecken Sie ihre eigenen Möglichkeiten und lernen Sie das Leben zu genießen!

Sharon A. Bower / Gordon H. Bower
Vertrauen zu sich selbst gewinnen
Wie Sie sich selbst behaupten und mit anderen besser umgehen können
192 Seiten, Klappenbroschur
ISBN 3-451-26772-1
Lerne, dir selbst zu vertrauen und gehe selbstbewußt mit anderen um. Ein Trainingsprogramm, das durchsetzungsfähiger und selbstbewußter macht.

Eric Salmon
Das Motivations-Enneagramm
Verstehen, was uns motiviert
246 Seiten, Klappenbroschur
ISBN 3-451-26485-4
Ein ebenso übersichtliches wie umfassendes Handbuch für Enneagramm-Einsteiger und für Kenner.

HERDER

Wohlbefinden

Carmen Renee Berry
Das tut mir gut
365 Wohlfühltips für Körper und Seele
416 Seiten, Paperback
ISBN 3-451-26606-7
Jeder Tag wird zu einer Insel – Ein Wohlfühlprogramm für das ganze Jahr.

Margarethe Schindler
Rituale für die Lebensmitte
Dem Leben Tiefe geben
153 Seiten, Klappenbroschur
ISBN 3-451-26474-9
Rituale helfen, sich auf eine neue, wertvolle und lebenswerte Lebensphase einzurichten.

Kwan Lau
Feng Shui – leicht gemacht
Den eigenen Lebensraum harmonisch gesalten –
Energieblockaden lösen
ISBN 3-451-26370-X
Die jahrhundertealte Tradition des chinesischen Feng Shui verständlich und praxisnah erklärt und auf heutige Verhältnisse angewandt.

Friedrich Graf
Ganzheitliches Wohlbefinden – Homöopathie für Frauen
Ein Begleiter für die wichtigsten Lebensphasen
288 Seiten, kartoniert
ISBN 3-451-22681-2
Sanft heilen und gesund bleiben: für Frauen in allen Lebensphasen.

HERDER

Psychotherapie

André Marchand / Andrée Letarte
Keine Panik mehr
Selbsttherapie bei Panikattacken
192 Seiten, Klappenbroschur
ISBN 3-451-26292-4
Angst vor der Angst: Begreifen, was mit uns geschieht, und das Leben wieder selbst in die Hand nehmen.

Verena Kast
Vom Sinn der Angst
Wie Ängste sich festsetzen und wie sie sich verwandeln lassen
224 Seiten, Klappenbroschur
ISBN 3-451-26151-0
Mit tiefenpsychologischem Scharfblick analysiert Verena Kast die Dynamik, die Angst zum lebensbestimmenden Element macht. Ein grundlegendes, gut zu lesendes Werk zur Thematik Angst.

Gerhard Zarbock
Heilen durch Erfahrung
Einführung in die integrative Verhaltenstherapie – Grundlagen und Anwendungen
160 Seiten, Klappenbroschur
ISBN 3-451-23785-3
Ausweg aus Angst und Lebenskrisen: Die Verhaltenstherapie gibt konkret und konzentriert individuelle Hilfen bei der Bewältigung von Problemen.

Edith Zundel / Pieter Loomans
Im Energiekreis des Lebendigen
Körperarbeit und spirituelle Erfahrung
336 Seiten, Paperback
ISBN 3-451-23698-2
Körpertherapie und spirituelle Tradition verbinden sich zum ganzheitlichen Ansatz.

HERDER

Wie will sich meine Seele zum Ausdruck bringen?

- alle Aspekte berücksichtigen
- Intuition + Analyse verbinde / Intellekt
- auch das Gegenteil ist wahr / beide Seiten verstehen
- Komplexität reduzieren
- zu versch. Ebenen (?)
- Leichtigkeit hinzufügen
- Kindliches ansprechen
- für Optimismus öffnen
- das Interessante finden
- lernen es zu lieben
  an Lernen knüpfen
- Brücken bauen
- —"— erfragen
- Differenzierungen —"— / herausarbeiten
- Gegensätze verbinden / Verständnis wecken für Gegensätze / zw. Ansätzen vermitteln
- zw. Kulturen verständigen
- Be-Geist-ern
- vermitteln! (etwas, und zwischen)

- alle Seiten verstehen
- Zusammenhänge herstellen

- Pole verbinden

Meine Aufgabe!